# 《公司法》
# 学习问答

本书编委会／编著

中国工人出版社

**图书在版编目（CIP）数据**

《公司法》学习问答 /《公司法》学习问答编委会编著. --
北京：中国工人出版社，2024. 6. --
ISBN 978-7-5008-8470-5

Ⅰ. D922.291.915

中国国家版本馆CIP数据核字第2024GA9694号

《公司法》学习问答

| | |
|---|---|
| **出 版 人** | 董　宽 |
| **责任编辑** | 张姗姗 |
| **责任校对** | 张　彦 |
| **责任印制** | 栾征宇 |
| **出版发行** | 中国工人出版社 |
| **地　　址** | 北京市东城区鼓楼外大街45号　邮编：100120 |
| **网　　址** | http://www.wp-china.com |
| **电　　话** | （010）62005043（总编室）<br>（010）62005039（印制管理中心）<br>（010）62382916（工会与劳动关系分社） |
| **发行热线** | （010）82029051　62383056 |
| **经　　销** | 各地书店 |
| **印　　刷** | 北京市密东印刷有限公司 |
| **开　　本** | 880毫米×1230毫米　1/32 |
| **印　　张** | 7.375 |
| **字　　数** | 90千字 |
| **版　　次** | 2024年7月第1版　2024年7月第1次印刷 |
| **定　　价** | 30.00元 |

# 目录

第一部分

# 中华人民共和国公司法

# 中华人民共和国公司法

（1993 年 12 月 29 日第八届全国人民代表大会常务委员会第五次会议通过　根据 1999 年 12 月 25 日第九届全国人民代表大会常务委员会第十三次会议《关于修改〈中华人民共和国公司法〉的决定》第一次修正　根据 2004 年 8 月 28 日第十届全国人民代表大会常务委员会第十一次会议《关于修改〈中华人民共和国公司法〉的决定》第二次修正　2005 年 10 月 27 日第十届全国人民代表大会常务委员会第十八次会议第一次修订　根据 2013 年 12 月 28 日第十二届全国人民代表大会常务委员会第六次会议《关于修改〈中华人民共和国海洋环境保护法〉等七部法律的决定》第三次修正　根据 2018 年 10 月 26 日第十三届全国人民代表大会常务委员会第六次会议《关于修改〈中华人民共和国公司法〉的决定》第四次修正　2023 年 12 月 29 日第十四届全国人民代表大会常务委员会第七次会议第二次修订）

## 目　录

## 第一章　总　　则

**第一条**　为了规范公司的组织和行为，保护公司、股东、职工和债权人的合法权益，完善中国特色现代企业制度，弘扬企业家精神，维护社会经济秩序，促进社会主义市场经济的发展，根据宪法，制定本法。

**第二条**　本法所称公司，是指依照本法在中华人民共和国境内设立的有限责任公司和股份有限公司。

**第三条**　公司是企业法人，有独立的法人财产，享有法人财产权。公司以其全部财产对公司的债务承担责任。

公司的合法权益受法律保护，不受侵犯。

**第四条**　有限责任公司的股东以其认缴的出资额为限对公司承担责任；股份有限公司的股东以其认购的股份为限对公司承担责任。

公司股东对公司依法享有资产收益、参与重大决策和选择管理者等权利。

**第五条**　设立公司应当依法制定公司章程。公司章程对公司、股东、董事、监事、高级管理人员具有约束力。

**第六条**　公司应当有自己的名称。公司名称应当符合国家有关规定。

公司的名称权受法律保护。

**第七条**　依照本法设立的有限责任公司，应当在公司名称中标明有限责任公司或者有限公司字样。

依照本法设立的股份有限公司，应当在公司名称中标明股份有限公司或者股份公司字样。

**第八条** 公司以其主要办事机构所在地为住所。

**第九条** 公司的经营范围由公司章程规定。公司可以修改公司章程，变更经营范围。

公司的经营范围中属于法律、行政法规规定须经批准的项目，应当依法经过批准。

**第十条** 公司的法定代表人按照公司章程的规定，由代表公司执行公司事务的董事或者经理担任。

担任法定代表人的董事或者经理辞任的，视为同时辞去法定代表人。

法定代表人辞任的，公司应当在法定代表人辞任之日起三十日内确定新的法定代表人。

**第十一条** 法定代表人以公司名义从事的民事活动，其法律后果由公司承受。

公司章程或者股东会对法定代表人职权的限制，不得对抗善意相对人。

法定代表人因执行职务造成他人损害的，由公司承担民事责任。公司承担民事责任后，依照法律或者公司章程的规定，可以向有过错的法定代表人追偿。

**第十二条** 有限责任公司变更为股份有限公司，应当符合本法规定的股份有限公司的条件。股份有限公司变更为有限责任公司，应当符合本法规定的有限责任公司的条件。

有限责任公司变更为股份有限公司的，或者股份有限公司变更为有限责任公司的，公司变更前的债权、债务由变更后的公司承继。

**第十三条**　公司可以设立子公司。子公司具有法人资格，依法独立承担民事责任。

公司可以设立分公司。分公司不具有法人资格，其民事责任由公司承担。

**第十四条**　公司可以向其他企业投资。

法律规定公司不得成为对所投资企业的债务承担连带责任的出资人的，从其规定。

**第十五条**　公司向其他企业投资或者为他人提供担保，按照公司章程的规定，由董事会或者股东会决议；公司章程对投资或者担保的总额及单项投资或者担保的数额有限额规定的，不得超过规定的限额。

公司为公司股东或者实际控制人提供担保的，应当经股东会决议。

前款规定的股东或者受前款规定的实际控制人支配的股东，不得参加前款规定事项的表决。该项表决由出席会议的其他股东所持表决权的过半数通过。

**第十六条**　公司应当保护职工的合法权益，依法与职工签订劳动合同，参加社会保险，加强劳动保护，实现安全生产。

公司应当采用多种形式，加强公司职工的职业教育和岗位培训，提高职工素质。

**第十七条** 公司职工依照《中华人民共和国工会法》组织工会，开展工会活动，维护职工合法权益。公司应当为本公司工会提供必要的活动条件。公司工会代表职工就职工的劳动报酬、工作时间、休息休假、劳动安全卫生和保险福利等事项依法与公司签订集体合同。

公司依照宪法和有关法律的规定，建立健全以职工代表大会为基本形式的民主管理制度，通过职工代表大会或者其他形式，实行民主管理。

公司研究决定改制、解散、申请破产以及经营方面的重大问题、制定重要的规章制度时，应当听取公司工会的意见，并通过职工代表大会或者其他形式听取职工的意见和建议。

**第十八条** 在公司中，根据中国共产党章程的规定，设立中国共产党的组织，开展党的活动。公司应当为党组织的活动提供必要条件。

**第十九条** 公司从事经营活动，应当遵守法律法规，遵守社会公德、商业道德，诚实守信，接受政府和社会公众的监督。

**第二十条** 公司从事经营活动，应当充分考虑公司职工、消费者等利益相关者的利益以及生态环境保护等社会公共利益，承担社会责任。

国家鼓励公司参与社会公益活动，公布社会责任报告。

**第二十一条** 公司股东应当遵守法律、行政法规和公司章程，依法行使股东权利，不得滥用股东权利损害公司或者其他股东的利益。

公司股东滥用股东权利给公司或者其他股东造成损失的，应当承担赔偿责任。

**第二十二条**　公司的控股股东、实际控制人、董事、监事、高级管理人员不得利用关联关系损害公司利益。

违反前款规定，给公司造成损失的，应当承担赔偿责任。

**第二十三条**　公司股东滥用公司法人独立地位和股东有限责任，逃避债务，严重损害公司债权人利益的，应当对公司债务承担连带责任。

股东利用其控制的两个以上公司实施前款规定行为的，各公司应当对任一公司的债务承担连带责任。

只有一个股东的公司，股东不能证明公司财产独立于股东自己的财产的，应当对公司债务承担连带责任。

**第二十四条**　公司股东会、董事会、监事会召开会议和表决可以采用电子通信方式，公司章程另有规定的除外。

**第二十五条**　公司股东会、董事会的决议内容违反法律、行政法规的无效。

**第二十六条**　公司股东会、董事会的会议召集程序、表决方式违反法律、行政法规或者公司章程，或者决议内容违反公司章程的，股东自决议作出之日起六十日内，可以请求人民法院撤销。但是，股东会、董事会的会议召集程序或者表决方式仅有轻微瑕疵，对决议未产生实质影响的除外。

未被通知参加股东会会议的股东自知道或者应当知道股东会决议作出之日起六十日内，可以请求人民法院撤销；自决议作出之日起一年内没有行使撤销权的，撤销权消灭。

**第二十七条** 有下列情形之一的，公司股东会、董事会的决议不成立：

（一）未召开股东会、董事会会议作出决议；

（二）股东会、董事会会议未对决议事项进行表决；

（三）出席会议的人数或者所持表决权数未达到本法或者公司章程规定的人数或者所持表决权数；

（四）同意决议事项的人数或者所持表决权数未达到本法或者公司章程规定的人数或者所持表决权数。

**第二十八条** 公司股东会、董事会决议被人民法院宣告无效、撤销或者确认不成立的，公司应当向公司登记机关申请撤销根据该决议已办理的登记。

股东会、董事会决议被人民法院宣告无效、撤销或者确认不成立的，公司根据该决议与善意相对人形成的民事法律关系不受影响。

## 第二章 公司登记

**第二十九条** 设立公司，应当依法向公司登记机关申请设立登记。

法律、行政法规规定设立公司必须报经批准的，应当在公司登记前依法办理批准手续。

**第三十条** 申请设立公司，应当提交设立登记申请书、公司章程等文件，提交的相关材料应当真实、合法和有效。

申请材料不齐全或者不符合法定形式的，公司登记机关应当一次性告知需要补正的材料。

**第三十一条**　申请设立公司，符合本法规定的设立条件的，由公司登记机关分别登记为有限责任公司或者股份有限公司；不符合本法规定的设立条件的，不得登记为有限责任公司或者股份有限公司。

**第三十二条**　公司登记事项包括：

（一）名称；

（二）住所；

（三）注册资本；

（四）经营范围；

（五）法定代表人的姓名；

（六）有限责任公司股东、股份有限公司发起人的姓名或者名称。

公司登记机关应当将前款规定的公司登记事项通过国家企业信用信息公示系统向社会公示。

**第三十三条**　依法设立的公司，由公司登记机关发给公司营业执照。公司营业执照签发日期为公司成立日期。

公司营业执照应当载明公司的名称、住所、注册资本、经营范围、法定代表人姓名等事项。

公司登记机关可以发给电子营业执照。电子营业执照与纸质营业执照具有同等法律效力。

**第三十四条**　公司登记事项发生变更的，应当依法办理变更登记。

公司登记事项未经登记或者未经变更登记，不得对抗善意相对人。

**第三十五条** 公司申请变更登记，应当向公司登记机关提交公司法定代表人签署的变更登记申请书、依法作出的变更决议或者决定等文件。

公司变更登记事项涉及修改公司章程的，应当提交修改后的公司章程。

公司变更法定代表人的，变更登记申请书由变更后的法定代表人签署。

**第三十六条** 公司营业执照记载的事项发生变更的，公司办理变更登记后，由公司登记机关换发营业执照。

**第三十七条** 公司因解散、被宣告破产或者其他法定事由需要终止的，应当依法向公司登记机关申请注销登记，由公司登记机关公告公司终止。

**第三十八条** 公司设立分公司，应当向公司登记机关申请登记，领取营业执照。

**第三十九条** 虚报注册资本、提交虚假材料或者采取其他欺诈手段隐瞒重要事实取得公司设立登记的，公司登记机关应当依照法律、行政法规的规定予以撤销。

**第四十条** 公司应当按照规定通过国家企业信用信息公示系统公示下列事项：

（一）有限责任公司股东认缴和实缴的出资额、出资方式和出资日期，股份有限公司发起人认购的股份数；

（二）有限责任公司股东、股份有限公司发起人的股权、股份变更信息；

（三）行政许可取得、变更、注销等信息；

（四）法律、行政法规规定的其他信息。

公司应当确保前款公示信息真实、准确、完整。

**第四十一条**　公司登记机关应当优化公司登记办理流程，提高公司登记效率，加强信息化建设，推行网上办理等便捷方式，提升公司登记便利化水平。

国务院市场监督管理部门根据本法和有关法律、行政法规的规定，制定公司登记注册的具体办法。

## 第三章　有限责任公司的设立和组织机构

### 第一节　设　　立

**第四十二条**　有限责任公司由一个以上五十个以下股东出资设立。

**第四十三条**　有限责任公司设立时的股东可以签订设立协议，明确各自在公司设立过程中的权利和义务。

**第四十四条**　有限责任公司设立时的股东为设立公司从事的民事活动，其法律后果由公司承受。

公司未成立的，其法律后果由公司设立时的股东承受；设立时的股东为二人以上的，享有连带债权，承担连带债务。

设立时的股东为设立公司以自己的名义从事民事活动产生

的民事责任，第三人有权选择请求公司或者公司设立时的股东承担。

设立时的股东因履行公司设立职责造成他人损害的，公司或者无过错的股东承担赔偿责任后，可以向有过错的股东追偿。

**第四十五条** 设立有限责任公司，应当由股东共同制定公司章程。

**第四十六条** 有限责任公司章程应当载明下列事项：

（一）公司名称和住所；

（二）公司经营范围；

（三）公司注册资本；

（四）股东的姓名或者名称；

（五）股东的出资额、出资方式和出资日期；

（六）公司的机构及其产生办法、职权、议事规则；

（七）公司法定代表人的产生、变更办法；

（八）股东会认为需要规定的其他事项。

股东应当在公司章程上签名或者盖章。

**第四十七条** 有限责任公司的注册资本为在公司登记机关登记的全体股东认缴的出资额。全体股东认缴的出资额由股东按照公司章程的规定自公司成立之日起五年内缴足。

法律、行政法规以及国务院决定对有限责任公司注册资本实缴、注册资本最低限额、股东出资期限另有规定的，从其规定。

**第四十八条** 股东可以用货币出资，也可以用实物、知识产权、土地使用权、股权、债权等可以用货币估价并可以依法转让的非货币财产作价出资；但是，法律、行政法规规定不得作为出资的财产除外。

对作为出资的非货币财产应当评估作价，核实财产，不得高估或者低估作价。法律、行政法规对评估作价有规定的，从其规定。

**第四十九条** 股东应当按期足额缴纳公司章程规定的各自所认缴的出资额。

股东以货币出资的，应当将货币出资足额存入有限责任公司在银行开设的账户；以非货币财产出资的，应当依法办理其财产权的转移手续。

股东未按期足额缴纳出资的，除应当向公司足额缴纳外，还应当对给公司造成的损失承担赔偿责任。

**第五十条** 有限责任公司设立时，股东未按照公司章程规定实际缴纳出资，或者实际出资的非货币财产的实际价额显著低于所认缴的出资额的，设立时的其他股东与该股东在出资不足的范围内承担连带责任。

**第五十一条** 有限责任公司成立后，董事会应当对股东的出资情况进行核查，发现股东未按期足额缴纳公司章程规定的出资的，应当由公司向该股东发出书面催缴书，催缴出资。

未及时履行前款规定的义务，给公司造成损失的，负有责任的董事应当承担赔偿责任。

**第五十二条** 股东未按照公司章程规定的出资日期缴纳出

资，公司依照前条第一款规定发出书面催缴书催缴出资的，可以载明缴纳出资的宽限期；宽限期自公司发出催缴书之日起，不得少于六十日。宽限期届满，股东仍未履行出资义务的，公司经董事会决议可以向该股东发出失权通知，通知应当以书面形式发出。自通知发出之日起，该股东丧失其未缴纳出资的股权。

依照前款规定丧失的股权应当依法转让，或者相应减少注册资本并注销该股权；六个月内未转让或者注销的，由公司其他股东按照其出资比例足额缴纳相应出资。

股东对失权有异议的，应当自接到失权通知之日起三十日内，向人民法院提起诉讼。

**第五十三条** 公司成立后，股东不得抽逃出资。

违反前款规定的，股东应当返还抽逃的出资；给公司造成损失的，负有责任的董事、监事、高级管理人员应当与该股东承担连带赔偿责任。

**第五十四条** 公司不能清偿到期债务的，公司或者已到期债权的债权人有权要求已认缴出资但未届出资期限的股东提前缴纳出资。

**第五十五条** 有限责任公司成立后，应当向股东签发出资证明书，记载下列事项：

（一）公司名称；

（二）公司成立日期；

（三）公司注册资本；

（四）股东的姓名或者名称、认缴和实缴的出资额、出资方式和出资日期；

（五）出资证明书的编号和核发日期。

出资证明书由法定代表人签名，并由公司盖章。

**第五十六条**　有限责任公司应当置备股东名册，记载下列事项：

（一）股东的姓名或者名称及住所；

（二）股东认缴和实缴的出资额、出资方式和出资日期；

（三）出资证明书编号；

（四）取得和丧失股东资格的日期。

记载于股东名册的股东，可以依股东名册主张行使股东权利。

**第五十七条**　股东有权查阅、复制公司章程、股东名册、股东会会议记录、董事会会议决议、监事会会议决议和财务会计报告。

股东可以要求查阅公司会计账簿、会计凭证。股东要求查阅公司会计账簿、会计凭证的，应当向公司提出书面请求，说明目的。公司有合理根据认为股东查阅会计账簿、会计凭证有不正当目的，可能损害公司合法利益的，可以拒绝提供查阅，并应当自股东提出书面请求之日起十五日内书面答复股东并说明理由。公司拒绝提供查阅的，股东可以向人民法院提起诉讼。

股东查阅前款规定的材料，可以委托会计师事务所、律师事务所等中介机构进行。

股东及其委托的会计师事务所、律师事务所等中介机构查阅、复制有关材料，应当遵守有关保护国家秘密、商业秘密、个人隐私、个人信息等法律、行政法规的规定。

股东要求查阅、复制公司全资子公司相关材料的，适用前四款的规定。

## 第二节 组织机构

**第五十八条** 有限责任公司股东会由全体股东组成。股东会是公司的权力机构，依照本法行使职权。

**第五十九条** 股东会行使下列职权：

（一）选举和更换董事、监事，决定有关董事、监事的报酬事项；

（二）审议批准董事会的报告；

（三）审议批准监事会的报告；

（四）审议批准公司的利润分配方案和弥补亏损方案；

（五）对公司增加或者减少注册资本作出决议；

（六）对发行公司债券作出决议；

（七）对公司合并、分立、解散、清算或者变更公司形式作出决议；

（八）修改公司章程；

（九）公司章程规定的其他职权。

股东会可以授权董事会对发行公司债券作出决议。

对本条第一款所列事项股东以书面形式一致表示同意的，可以不召开股东会会议，直接作出决定，并由全体股东在决定文件上签名或者盖章。

**第六十条**　只有一个股东的有限责任公司不设股东会。股东作出前条第一款所列事项的决定时，应当采用书面形式，并由股东签名或者盖章后置备于公司。

**第六十一条**　首次股东会会议由出资最多的股东召集和主持，依照本法规定行使职权。

**第六十二条**　股东会会议分为定期会议和临时会议。

定期会议应当按照公司章程的规定按时召开。代表十分之一以上表决权的股东、三分之一以上的董事或者监事会提议召开临时会议的，应当召开临时会议。

**第六十三条**　股东会会议由董事会召集，董事长主持；董事长不能履行职务或者不履行职务的，由副董事长主持；副董事长不能履行职务或者不履行职务的，由过半数的董事共同推举一名董事主持。

董事会不能履行或者不履行召集股东会会议职责的，由监事会召集和主持；监事会不召集和主持的，代表十分之一以上表决权的股东可以自行召集和主持。

**第六十四条**　召开股东会会议，应当于会议召开十五日前通知全体股东；但是，公司章程另有规定或者全体股东另有约定的除外。

股东会应当对所议事项的决定作成会议记录，出席会议的股东应当在会议记录上签名或者盖章。

**第六十五条**　股东会会议由股东按照出资比例行使表决权；

但是，公司章程另有规定的除外。

**第六十六条** 股东会的议事方式和表决程序，除本法有规定的外，由公司章程规定。

股东会作出决议，应当经代表过半数表决权的股东通过。

股东会作出修改公司章程、增加或者减少注册资本的决议，以及公司合并、分立、解散或者变更公司形式的决议，应当经代表三分之二以上表决权的股东通过。

**第六十七条** 有限责任公司设董事会，本法第七十五条另有规定的除外。

董事会行使下列职权：

（一）召集股东会会议，并向股东会报告工作；

（二）执行股东会的决议；

（三）决定公司的经营计划和投资方案；

（四）制订公司的利润分配方案和弥补亏损方案；

（五）制订公司增加或者减少注册资本以及发行公司债券的方案；

（六）制订公司合并、分立、解散或者变更公司形式的方案；

（七）决定公司内部管理机构的设置；

（八）决定聘任或者解聘公司经理及其报酬事项，并根据经理的提名决定聘任或者解聘公司副经理、财务负责人及其报酬事项；

（九）制定公司的基本管理制度；

（十）公司章程规定或者股东会授予的其他职权。

公司章程对董事会职权的限制不得对抗善意相对人。

**第六十八条**　有限责任公司董事会成员为三人以上，其成员中可以有公司职工代表。职工人数三百人以上的有限责任公司，除依法设监事会并有公司职工代表的外，其董事会成员中应当有公司职工代表。董事会中的职工代表由公司职工通过职工代表大会、职工大会或者其他形式民主选举产生。

董事会设董事长一人，可以设副董事长。董事长、副董事长的产生办法由公司章程规定。

**第六十九条**　有限责任公司可以按照公司章程的规定在董事会中设置由董事组成的审计委员会，行使本法规定的监事会的职权，不设监事会或者监事。公司董事会成员中的职工代表可以成为审计委员会成员。

**第七十条**　董事任期由公司章程规定，但每届任期不得超过三年。董事任期届满，连选可以连任。

董事任期届满未及时改选，或者董事在任期内辞任导致董事会成员低于法定人数的，在改选出的董事就任前，原董事仍应当依照法律、行政法规和公司章程的规定，履行董事职务。

董事辞任的，应当以书面形式通知公司，公司收到通知之日辞任生效，但存在前款规定情形的，董事应当继续履行职务。

**第七十一条**　股东会可以决议解任董事，决议作出之日解任生效。

无正当理由，在任期届满前解任董事的，该董事可以要求公司予以赔偿。

**第七十二条** 董事会会议由董事长召集和主持；董事长不能履行职务或者不履行职务的，由副董事长召集和主持；副董事长不能履行职务或者不履行职务的，由过半数的董事共同推举一名董事召集和主持。

**第七十三条** 董事会的议事方式和表决程序，除本法有规定的外，由公司章程规定。

董事会会议应当有过半数的董事出席方可举行。董事会作出决议，应当经全体董事的过半数通过。

董事会决议的表决，应当一人一票。

董事会应当对所议事项的决定作成会议记录，出席会议的董事应当在会议记录上签名。

**第七十四条** 有限责任公司可以设经理，由董事会决定聘任或者解聘。

经理对董事会负责，根据公司章程的规定或者董事会的授权行使职权。经理列席董事会会议。

**第七十五条** 规模较小或者股东人数较少的有限责任公司，可以不设董事会，设一名董事，行使本法规定的董事会的职权。该董事可以兼任公司经理。

**第七十六条** 有限责任公司设监事会，本法第六十九条、第八十三条另有规定的除外。

监事会成员为三人以上。监事会成员应当包括股东代表和适当比例的公司职工代表，其中职工代表的比例不得低于三分之一，具体比例由公司章程规定。监事会中的职工代表由公司职工通过职工代表大会、职工大会或者其他形式民主选举产生。

监事会设主席一人，由全体监事过半数选举产生。监事会主席召集和主持监事会会议；监事会主席不能履行职务或者不履行职务的，由过半数的监事共同推举一名监事召集和主持监事会会议。

董事、高级管理人员不得兼任监事。

**第七十七条**　监事的任期每届为三年。监事任期届满，连选可以连任。

监事任期届满未及时改选，或者监事在任期内辞任导致监事会成员低于法定人数的，在改选出的监事就任前，原监事仍应当依照法律、行政法规和公司章程的规定，履行监事职务。

**第七十八条**　监事会行使下列职权：

（一）检查公司财务；

（二）对董事、高级管理人员执行职务的行为进行监督，对违反法律、行政法规、公司章程或者股东会决议的董事、高级管理人员提出解任的建议；

（三）当董事、高级管理人员的行为损害公司的利益时，要求董事、高级管理人员予以纠正；

（四）提议召开临时股东会会议，在董事会不履行本法规定的召集和主持股东会会议职责时召集和主持股东会会议；

（五）向股东会会议提出提案；

（六）依照本法第一百八十九条的规定，对董事、高级管理人员提起诉讼；

（七）公司章程规定的其他职权。

**第七十九条** 监事可以列席董事会会议，并对董事会决议事项提出质询或者建议。

监事会发现公司经营情况异常，可以进行调查；必要时，可以聘请会计师事务所等协助其工作，费用由公司承担。

**第八十条** 监事会可以要求董事、高级管理人员提交执行职务的报告。

董事、高级管理人员应当如实向监事会提供有关情况和资料，不得妨碍监事会或者监事行使职权。

**第八十一条** 监事会每年度至少召开一次会议，监事可以提议召开临时监事会会议。

监事会的议事方式和表决程序，除本法有规定的外，由公司章程规定。

监事会决议应当经全体监事的过半数通过。

监事会决议的表决，应当一人一票。

监事会应当对所议事项的决定作成会议记录，出席会议的监事应当在会议记录上签名。

**第八十二条** 监事会行使职权所必需的费用，由公司承担。

**第八十三条** 规模较小或者股东人数较少的有限责任公司，可以不设监事会，设一名监事，行使本法规定的监事会的职权；经全体股东一致同意，也可以不设监事。

## 第四章　有限责任公司的股权转让

**第八十四条**　有限责任公司的股东之间可以相互转让其全部或者部分股权。

股东向股东以外的人转让股权的，应当将股权转让的数量、价格、支付方式和期限等事项书面通知其他股东，其他股东在同等条件下有优先购买权。股东自接到书面通知之日起三十日内未答复的，视为放弃优先购买权。两个以上股东行使优先购买权的，协商确定各自的购买比例；协商不成的，按照转让时各自的出资比例行使优先购买权。

公司章程对股权转让另有规定的，从其规定。

**第八十五条**　人民法院依照法律规定的强制执行程序转让股东的股权时，应当通知公司及全体股东，其他股东在同等条件下有优先购买权。其他股东自人民法院通知之日起满二十日不行使优先购买权的，视为放弃优先购买权。

**第八十六条**　股东转让股权的，应当书面通知公司，请求变更股东名册；需要办理变更登记的，并请求公司向公司登记机关办理变更登记。公司拒绝或者在合理期限内不予答复的，转让人、受让人可以依法向人民法院提起诉讼。

股权转让的，受让人自记载于股东名册时起可以向公司主张行使股东权利。

**第八十七条**　依照本法转让股权后，公司应当及时注销原股东的出资证明书，向新股东签发出资证明书，并相应修改公司章程和股东名册中有关股东及其出资额的记载。对公司章程的该项修改不需再由股东会表决。

**第八十八条** 股东转让已认缴出资但未届出资期限的股权的，由受让人承担缴纳该出资的义务；受让人未按期足额缴纳出资的，转让人对受让人未按期缴纳的出资承担补充责任。

未按照公司章程规定的出资日期缴纳出资或者作为出资的非货币财产的实际价额显著低于所认缴的出资额的股东转让股权的，转让人与受让人在出资不足的范围内承担连带责任；受让人不知道且不应当知道存在上述情形的，由转让人承担责任。

**第八十九条** 有下列情形之一的，对股东会该项决议投反对票的股东可以请求公司按照合理的价格收购其股权：

（一）公司连续五年不向股东分配利润，而公司该五年连续盈利，并且符合本法规定的分配利润条件；

（二）公司合并、分立、转让主要财产；

（三）公司章程规定的营业期限届满或者章程规定的其他解散事由出现，股东会通过决议修改章程使公司存续。

自股东会决议作出之日起六十日内，股东与公司不能达成股权收购协议的，股东可以自股东会决议作出之日起九十日内向人民法院提起诉讼。

公司的控股股东滥用股东权利，严重损害公司或者其他股东利益的，其他股东有权请求公司按照合理的价格收购其股权。

公司因本条第一款、第三款规定的情形收购的本公司股权，应当在六个月内依法转让或者注销。

**第九十条**　自然人股东死亡后，其合法继承人可以继承股东资格；但是，公司章程另有规定的除外。

## 第五章　股份有限公司的设立和组织机构

### 第一节　设　　立

**第九十一条**　设立股份有限公司，可以采取发起设立或者募集设立的方式。

发起设立，是指由发起人认购设立公司时应发行的全部股份而设立公司。

募集设立，是指由发起人认购设立公司时应发行股份的一部分，其余股份向特定对象募集或者向社会公开募集而设立公司。

**第九十二条**　设立股份有限公司，应当有一人以上二百人以下为发起人，其中应当有半数以上的发起人在中华人民共和国境内有住所。

**第九十三条**　股份有限公司发起人承担公司筹办事务。

发起人应当签订发起人协议，明确各自在公司设立过程中的权利和义务。

**第九十四条**　设立股份有限公司，应当由发起人共同制订公司章程。

**第九十五条**　股份有限公司章程应当载明下列事项：

（一）公司名称和住所；

（二）公司经营范围；

（三）公司设立方式；

（四）公司注册资本、已发行的股份数和设立时发行的股份数，面额股的每股金额；

（五）发行类别股的，每一类别股的股份数及其权利和义务；

（六）发起人的姓名或者名称、认购的股份数、出资方式；

（七）董事会的组成、职权和议事规则；

（八）公司法定代表人的产生、变更办法；

（九）监事会的组成、职权和议事规则；

（十）公司利润分配办法；

（十一）公司的解散事由与清算办法；

（十二）公司的通知和公告办法；

（十三）股东会认为需要规定的其他事项。

**第九十六条**　股份有限公司的注册资本为在公司登记机关登记的已发行股份的股本总额。在发起人认购的股份缴足前，不得向他人募集股份。

法律、行政法规以及国务院决定对股份有限公司注册资本最低限额另有规定的，从其规定。

**第九十七条**　以发起设立方式设立股份有限公司的，发起人应当认足公司章程规定的公司设立时应发行的股份。

以募集设立方式设立股份有限公司的，发起人认购的股份不得少于公司章程规定的公司设立时应发行股份总数的百分之三十五；但是，法律、行政法规另有规定的，从其规定。

**第九十八条**　发起人应当在公司成立前按照其认购的股份全额缴纳股款。

发起人的出资，适用本法第四十八条、第四十九条第二款关于有限责任公司股东出资的规定。

**第九十九条**　发起人不按照其认购的股份缴纳股款，或者作为出资的非货币财产的实际价额显著低于所认购的股份的，其他发起人与该发起人在出资不足的范围内承担连带责任。

**第一百条**　发起人向社会公开募集股份，应当公告招股说明书，并制作认股书。认股书应当载明本法第一百五十四条第二款、第三款所列事项，由认股人填写认购的股份数、金额、住所，并签名或者盖章。认股人应当按照所认购股份足额缴纳股款。

**第一百零一条**　向社会公开募集股份的股款缴足后，应当经依法设立的验资机构验资并出具证明。

**第一百零二条**　股份有限公司应当制作股东名册并置备于公司。股东名册应当记载下列事项：

（一）股东的姓名或者名称及住所；

（二）各股东所认购的股份种类及股份数；

（三）发行纸面形式的股票的，股票的编号；

（四）各股东取得股份的日期。

**第一百零三条**　募集设立股份有限公司的发起人应当自公司设立时应发行股份的股款缴足之日起三十日内召开公司成立大会。发起人应当在成立大会召开十五日前将会议日期通知各认股人或者予以公告。成立大会应当有持有表决权过半数的认股人出席，方可举行。

以发起设立方式设立股份有限公司成立大会的召开和表决程序由公司章程或者发起人协议规定。

**第一百零四条** 公司成立大会行使下列职权：

（一）审议发起人关于公司筹办情况的报告；

（二）通过公司章程；

（三）选举董事、监事；

（四）对公司的设立费用进行审核；

（五）对发起人非货币财产出资的作价进行审核；

（六）发生不可抗力或者经营条件发生重大变化直接影响公司设立的，可以作出不设立公司的决议。

成立大会对前款所列事项作出决议，应当经出席会议的认股人所持表决权过半数通过。

**第一百零五条** 公司设立时应发行的股份未募足，或者发行股份的股款缴足后，发起人在三十日内未召开成立大会的，认股人可以按照所缴股款并加算银行同期存款利息，要求发起人返还。

发起人、认股人缴纳股款或者交付非货币财产出资后，除未按期募足股份、发起人未按期召开成立大会或者成立大会决议不设立公司的情形外，不得抽回其股本。

**第一百零六条** 董事会应当授权代表，于公司成立大会结束后三十日内向公司登记机关申请设立登记。

**第一百零七条**　本法第四十四条、第四十九条第三款、第五十一条、第五十二条、第五十三条的规定，适用于股份有限公司。

**第一百零八条**　有限责任公司变更为股份有限公司时，折合的实收股本总额不得高于公司净资产额。有限责任公司变更为股份有限公司，为增加注册资本公开发行股份时，应当依法办理。

**第一百零九条**　股份有限公司应当将公司章程、股东名册、股东会会议记录、董事会会议记录、监事会会议记录、财务会计报告、债券持有人名册置备于本公司。

**第一百一十条**　股东有权查阅、复制公司章程、股东名册、股东会会议记录、董事会会议决议、监事会会议决议、财务会计报告，对公司的经营提出建议或者质询。

连续一百八十日以上单独或者合计持有公司百分之三以上股份的股东要求查阅公司的会计账簿、会计凭证的，适用本法第五十七条第二款、第三款、第四款的规定。公司章程对持股比例有较低规定的，从其规定。

股东要求查阅、复制公司全资子公司相关材料的，适用前两款的规定。

上市公司股东查阅、复制相关材料的，应当遵守《中华人民共和国证券法》等法律、行政法规的规定。

## 第二节　股 东 会

**第一百一十一条**　股份有限公司股东会由全体股东组成。

股东会是公司的权力机构，依照本法行使职权。

**第一百一十二条** 本法第五十九条第一款、第二款关于有限责任公司股东会职权的规定，适用于股份有限公司股东会。

本法第六十条关于只有一个股东的有限责任公司不设股东会的规定，适用于只有一个股东的股份有限公司。

**第一百一十三条** 股东会应当每年召开一次年会。有下列情形之一的，应当在两个月内召开临时股东会会议：

（一）董事人数不足本法规定人数或者公司章程所定人数的三分之二时；

（二）公司未弥补的亏损达股本总额三分之一时；

（三）单独或者合计持有公司百分之十以上股份的股东请求时；

（四）董事会认为必要时；

（五）监事会提议召开时；

（六）公司章程规定的其他情形。

**第一百一十四条** 股东会会议由董事会召集，董事长主持；董事长不能履行职务或者不履行职务的，由副董事长主持；副董事长不能履行职务或者不履行职务的，由过半数的董事共同推举一名董事主持。

董事会不能履行或者不履行召集股东会会议职责的，监事会应当及时召集和主持；监事会不召集和主持的，连续九十日以上单独或者合计持有公司百分之十以上股份的股东可以自行召集和主持。

单独或者合计持有公司百分之十以上股份的股东请求召开临时股东会会议的，董事会、监事会应当在收到请求之日起十日内作出是否召开临时股东会会议的决定，并书面答复股东。

**第一百一十五条** 召开股东会会议，应当将会议召开的时间、地点和审议的事项于会议召开二十日前通知各股东；临时股东会会议应当于会议召开十五日前通知各股东。

单独或者合计持有公司百分之一以上股份的股东，可以在股东会会议召开十日前提出临时提案并书面提交董事会。临时提案应当有明确议题和具体决议事项。董事会应当在收到提案后二日内通知其他股东，并将该临时提案提交股东会审议；但临时提案违反法律、行政法规或者公司章程的规定，或者不属于股东会职权范围的除外。公司不得提高提出临时提案股东的持股比例。

公开发行股份的公司，应当以公告方式作出前两款规定的通知。

股东会不得对通知中未列明的事项作出决议。

**第一百一十六条** 股东出席股东会会议，所持每一股份有一表决权，类别股股东除外。公司持有的本公司股份没有表决权。

股东会作出决议，应当经出席会议的股东所持表决权过半数通过。

股东会作出修改公司章程、增加或者减少注册资本的决议，以及公司合并、分立、解散或者变更公司形式的决议，应当经出席会议的股东所持表决权的三分之二以上通过。

**第一百一十七条** 股东会选举董事、监事，可以按照公司章程的规定或者股东会的决议，实行累积投票制。

本法所称累积投票制，是指股东会选举董事或者监事时，每一股份拥有与应选董事或者监事人数相同的表决权，股东拥有的表决权可以集中使用。

**第一百一十八条** 股东委托代理人出席股东会会议的，应当明确代理人代理的事项、权限和期限；代理人应当向公司提交股东授权委托书，并在授权范围内行使表决权。

**第一百一十九条** 股东会应当对所议事项的决定作成会议记录，主持人、出席会议的董事应当在会议记录上签名。会议记录应当与出席股东的签名册及代理出席的委托书一并保存。

### 第三节 董事会、经理

**第一百二十条** 股份有限公司设董事会，本法第一百二十八条另有规定的除外。

本法第六十七条、第六十八条第一款、第七十条、第七十一条的规定，适用于股份有限公司。

**第一百二十一条** 股份有限公司可以按照公司章程的规定在董事会中设置由董事组成的审计委员会，行使本法规定的监事会的职权，不设监事会或者监事。

审计委员会成员为三名以上，过半数成员不得在公司担任除董事以外的其他职务，且不得与公司存在任何可能影响其独立客观判断的关系。公司董事会成员中的职工代表可以成为审计委员会成员。

审计委员会作出决议，应当经审计委员会成员的过半数通过。

审计委员会决议的表决，应当一人一票。

审计委员会的议事方式和表决程序，除本法有规定的外，由公司章程规定。

公司可以按照公司章程的规定在董事会中设置其他委员会。

**第一百二十二条** 董事会设董事长一人，可以设副董事长。董事长和副董事长由董事会以全体董事的过半数选举产生。

董事长召集和主持董事会会议，检查董事会决议的实施情况。副董事长协助董事长工作，董事长不能履行职务或者不履行职务的，由副董事长履行职务；副董事长不能履行职务或者不履行职务的，由过半数的董事共同推举一名董事履行职务。

**第一百二十三条** 董事会每年度至少召开两次会议，每次会议应当于会议召开十日前通知全体董事和监事。

代表十分之一以上表决权的股东、三分之一以上董事或者监事会，可以提议召开临时董事会会议。董事长应当自接到提议后十日内，召集和主持董事会会议。

董事会召开临时会议，可以另定召集董事会的通知方式和通知时限。

**第一百二十四条** 董事会会议应当有过半数的董事出席方可举行。董事会作出决议，应当经全体董事的过半数通过。

董事会决议的表决，应当一人一票。

董事会应当对所议事项的决定作成会议记录，出席会议的董事应当在会议记录上签名。

**第一百二十五条** 董事会会议，应当由董事本人出席；董事因故不能出席，可以书面委托其他董事代为出席，委托书应当载明授权范围。

董事应当对董事会的决议承担责任。董事会的决议违反法律、行政法规或者公司章程、股东会决议，给公司造成严重损失的，参与决议的董事对公司负赔偿责任；经证明在表决时曾表明异议并记载于会议记录的，该董事可以免除责任。

**第一百二十六条** 股份有限公司设经理，由董事会决定聘任或者解聘。

经理对董事会负责，根据公司章程的规定或者董事会的授权行使职权。经理列席董事会会议。

**第一百二十七条** 公司董事会可以决定由董事会成员兼任经理。

**第一百二十八条** 规模较小或者股东人数较少的股份有限公司，可以不设董事会，设一名董事，行使本法规定的董事会的职权。该董事可以兼任公司经理。

**第一百二十九条** 公司应当定期向股东披露董事、监事、高级管理人员从公司获得报酬的情况。

## 第四节 监 事 会

**第一百三十条** 股份有限公司设监事会，本法第一百二十一条第一款、第一百三十三条另有规定的除外。

监事会成员为三人以上。监事会成员应当包括股东代表和适当比例的公司职工代表，其中职工代表的比例不得低于三分之一，具体比例由公司章程规定。监事会中的职工代表由公司职工通过职工代表大会、职工大会或者其他形式民主选举产生。

监事会设主席一人，可以设副主席。监事会主席和副主席由全体监事过半数选举产生。监事会主席召集和主持监事会会议；监事会主席不能履行职务或者不履行职务的，由监事会副主席召集和主持监事会会议；监事会副主席不能履行职务或者不履行职务的，由过半数的监事共同推举一名监事召集和主持监事会会议。

董事、高级管理人员不得兼任监事。

本法第七十七条关于有限责任公司监事任期的规定，适用于股份有限公司监事。

**第一百三十一条**　本法第七十八条至第八十条的规定，适用于股份有限公司监事会。

监事会行使职权所必需的费用，由公司承担。

**第一百三十二条**　监事会每六个月至少召开一次会议。监事可以提议召开临时监事会会议。

监事会的议事方式和表决程序，除本法有规定的外，由公司章程规定。

监事会决议应当经全体监事的过半数通过。

监事会决议的表决，应当一人一票。

监事会应当对所议事项的决定作成会议记录，出席会议的监事应当在会议记录上签名。

**第一百三十三条** 规模较小或者股东人数较少的股份有限公司，可以不设监事会，设一名监事，行使本法规定的监事会的职权。

## 第五节 上市公司组织机构的特别规定

**第一百三十四条** 本法所称上市公司，是指其股票在证券交易所上市交易的股份有限公司。

**第一百三十五条** 上市公司在一年内购买、出售重大资产或者向他人提供担保的金额超过公司资产总额百分之三十的，应当由股东会作出决议，并经出席会议的股东所持表决权的三分之二以上通过。

**第一百三十六条** 上市公司设独立董事，具体管理办法由国务院证券监督管理机构规定。

上市公司的公司章程除载明本法第九十五条规定的事项外，还应当依照法律、行政法规的规定载明董事会专门委员会的组成、职权以及董事、监事、高级管理人员薪酬考核机制等事项。

**第一百三十七条** 上市公司在董事会中设置审计委员会的，董事会对下列事项作出决议前应当经审计委员会全体成员过半数通过：

（一）聘用、解聘承办公司审计业务的会计师事务所；

（二）聘任、解聘财务负责人；

（三）披露财务会计报告；

（四）国务院证券监督管理机构规定的其他事项。

**第一百三十八条**　上市公司设董事会秘书，负责公司股东会和董事会会议的筹备、文件保管以及公司股东资料的管理，办理信息披露事务等事宜。

**第一百三十九条**　上市公司董事与董事会会议决议事项所涉及的企业或者个人有关联关系的，该董事应当及时向董事会书面报告。有关联关系的董事不得对该项决议行使表决权，也不得代理其他董事行使表决权。该董事会会议由过半数的无关联关系董事出席即可举行，董事会会议所作决议须经无关联关系董事过半数通过。出席董事会会议的无关联关系董事人数不足三人的，应当将该事项提交上市公司股东会审议。

**第一百四十条**　上市公司应当依法披露股东、实际控制人的信息，相关信息应当真实、准确、完整。

禁止违反法律、行政法规的规定代持上市公司股票。

**第一百四十一条**　上市公司控股子公司不得取得该上市公司的股份。

上市公司控股子公司因公司合并、质权行使等原因持有上市公司股份的，不得行使所持股份对应的表决权，并应当及时处分相关上市公司股份。

## 第六章　股份有限公司的股份发行和转让

### 第一节　股份发行

**第一百四十二条**　公司的资本划分为股份。公司的全部股份，根据公司章程的规定择一采用面额股或者无面额股。采用面额股的，每一股的金额相等。

公司可以根据公司章程的规定将已发行的面额股全部转换为无面额股或者将无面额股全部转换为面额股。

采用无面额股的，应当将发行股份所得股款的二分之一以上计入注册资本。

**第一百四十三条** 股份的发行，实行公平、公正的原则，同类别的每一股份应当具有同等权利。

同次发行的同类别股份，每股的发行条件和价格应当相同；认购人所认购的股份，每股应当支付相同价额。

**第一百四十四条** 公司可以按照公司章程的规定发行下列与普通股权利不同的类别股：

（一）优先或者劣后分配利润或者剩余财产的股份；

（二）每一股的表决权数多于或者少于普通股的股份；

（三）转让须经公司同意等转让受限的股份；

（四）国务院规定的其他类别股。

公开发行股份的公司不得发行前款第二项、第三项规定的类别股；公开发行前已发行的除外。

公司发行本条第一款第二项规定的类别股的，对于监事或者审计委员会成员的选举和更换，类别股与普通股每一股的表决权数相同。

**第一百四十五条** 发行类别股的公司，应当在公司章程中载明以下事项：

（一）类别股分配利润或者剩余财产的顺序；

（二）类别股的表决权数；

（三）类别股的转让限制；

（四）保护中小股东权益的措施；

（五）股东会认为需要规定的其他事项。

**第一百四十六条**　发行类别股的公司，有本法第一百一十六条第三款规定的事项等可能影响类别股股东权利的，除应当依照第一百一十六条第三款的规定经股东会决议外，还应当经出席类别股股东会议的股东所持表决权的三分之二以上通过。

公司章程可以对需经类别股股东会议决议的其他事项作出规定。

**第一百四十七条**　公司的股份采取股票的形式。股票是公司签发的证明股东所持股份的凭证。

公司发行的股票，应当为记名股票。

**第一百四十八条**　面额股股票的发行价格可以按票面金额，也可以超过票面金额，但不得低于票面金额。

**第一百四十九条**　股票采用纸面形式或者国务院证券监督管理机构规定的其他形式。

股票采用纸面形式的，应当载明下列主要事项：

（一）公司名称；

（二）公司成立日期或者股票发行的时间；

（三）股票种类、票面金额及代表的股份数，发行无面额股的，股票代表的股份数。

股票采用纸面形式的，还应当载明股票的编号，由法定代表人签名，公司盖章。

发起人股票采用纸面形式的，应当标明发起人股票字样。

**第一百五十条** 股份有限公司成立后，即向股东正式交付股票。公司成立前不得向股东交付股票。

**第一百五十一条** 公司发行新股，股东会应当对下列事项作出决议：

（一）新股种类及数额；

（二）新股发行价格；

（三）新股发行的起止日期；

（四）向原有股东发行新股的种类及数额；

（五）发行无面额股的，新股发行所得股款计入注册资本的金额。

公司发行新股，可以根据公司经营情况和财务状况，确定其作价方案。

**第一百五十二条** 公司章程或者股东会可以授权董事会在三年内决定发行不超过已发行股份百分之五十的股份。但以非货币财产作价出资的应当经股东会决议。

董事会依照前款规定决定发行股份导致公司注册资本、已发行股份数发生变化的，对公司章程该项记载事项的修改不需再由股东会表决。

**第一百五十三条** 公司章程或者股东会授权董事会决定发行新股的，董事会决议应当经全体董事三分之二以上通过。

**第一百五十四条**　公司向社会公开募集股份，应当经国务院证券监督管理机构注册，公告招股说明书。

招股说明书应当附有公司章程，并载明下列事项：

（一）发行的股份总数；

（二）面额股的票面金额和发行价格或者无面额股的发行价格；

（三）募集资金的用途；

（四）认股人的权利和义务；

（五）股份种类及其权利和义务；

（六）本次募股的起止日期及逾期未募足时认股人可以撤回所认股份的说明。

公司设立时发行股份的，还应当载明发起人认购的股份数。

**第一百五十五条**　公司向社会公开募集股份，应当由依法设立的证券公司承销，签订承销协议。

**第一百五十六条**　公司向社会公开募集股份，应当同银行签订代收股款协议。

代收股款的银行应当按照协议代收和保存股款，向缴纳股款的认股人出具收款单据，并负有向有关部门出具收款证明的义务。

公司发行股份募足股款后，应予公告。

## 第二节　股 份 转 让

**第一百五十七条**　股份有限公司的股东持有的股份可以向其他股东转让，也可以向股东以外的人转让；公司章程对股份转让有限制的，其转让按照公司章程的规定进行。

**第一百五十八条** 股东转让其股份，应当在依法设立的证券交易场所进行或者按照国务院规定的其他方式进行。

**第一百五十九条** 股票的转让，由股东以背书方式或者法律、行政法规规定的其他方式进行；转让后由公司将受让人的姓名或者名称及住所记载于股东名册。

股东会会议召开前二十日内或者公司决定分配股利的基准日前五日内，不得变更股东名册。法律、行政法规或者国务院证券监督管理机构对上市公司股东名册变更另有规定的，从其规定。

**第一百六十条** 公司公开发行股份前已发行的股份，自公司股票在证券交易所上市交易之日起一年内不得转让。法律、行政法规或者国务院证券监督管理机构对上市公司的股东、实际控制人转让其所持有的本公司股份另有规定的，从其规定。

公司董事、监事、高级管理人员应当向公司申报所持有的本公司的股份及其变动情况，在就任时确定的任职期间每年转让的股份不得超过其所持有本公司股份总数的百分之二十五；所持本公司股份自公司股票上市交易之日起一年内不得转让。上述人员离职后半年内，不得转让其所持有的本公司股份。公司章程可以对公司董事、监事、高级管理人员转让其所持有的本公司股份作出其他限制性规定。

股份在法律、行政法规规定的限制转让期限内出质的，质权人不得在限制转让期限内行使质权。

**第一百六十一条**　有下列情形之一的，对股东会该项决议投反对票的股东可以请求公司按照合理的价格收购其股份，公开发行股份的公司除外：

（一）公司连续五年不向股东分配利润，而公司该五年连续盈利，并且符合本法规定的分配利润条件；

（二）公司转让主要财产；

（三）公司章程规定的营业期限届满或者章程规定的其他解散事由出现，股东会通过决议修改章程使公司存续。

自股东会决议作出之日起六十日内，股东与公司不能达成股份收购协议的，股东可以自股东会决议作出之日起九十日内向人民法院提起诉讼。

公司因本条第一款规定的情形收购的本公司股份，应当在六个月内依法转让或者注销。

**第一百六十二条**　公司不得收购本公司股份。但是，有下列情形之一的除外：

（一）减少公司注册资本；

（二）与持有本公司股份的其他公司合并；

（三）将股份用于员工持股计划或者股权激励；

（四）股东因对股东会作出的公司合并、分立决议持异议，要求公司收购其股份；

（五）将股份用于转换公司发行的可转换为股票的公司债券；

（六）上市公司为维护公司价值及股东权益所必需。

公司因前款第一项、第二项规定的情形收购本公司股份的，应当经股东会决议；公司因前款第三项、第五项、第六项规定的情形收购本公司股份的，可以按照公司章程或者股东会的授权，经三分之二以上董事出席的董事会会议决议。

公司依照本条第一款规定收购本公司股份后，属于第一项情形的，应当自收购之日起十日内注销；属于第二项、第四项情形的，应当在六个月内转让或者注销；属于第三项、第五项、第六项情形的，公司合计持有的本公司股份数不得超过本公司已发行股份总数的百分之十，并应当在三年内转让或者注销。

上市公司收购本公司股份的，应当依照《中华人民共和国证券法》的规定履行信息披露义务。上市公司因本条第一款第三项、第五项、第六项规定的情形收购本公司股份的，应当通过公开的集中交易方式进行。

公司不得接受本公司的股份作为质权的标的。

**第一百六十三条** 公司不得为他人取得本公司或者其母公司的股份提供赠与、借款、担保以及其他财务资助，公司实施员工持股计划的除外。

为公司利益，经股东会决议，或者董事会按照公司章程或者股东会的授权作出决议，公司可以为他人取得本公司或者其母公司的股份提供财务资助，但财务资助的累计总额不得超过已发行股本总额的百分之十。董事会作出决议应当经全体董事的三分之二以上通过。

违反前两款规定，给公司造成损失的，负有责任的董事、监事、高级管理人员应当承担赔偿责任。

**第一百六十四条**　股票被盗、遗失或者灭失，股东可以依照《中华人民共和国民事诉讼法》规定的公示催告程序，请求人民法院宣告该股票失效。人民法院宣告该股票失效后，股东可以向公司申请补发股票。

**第一百六十五条**　上市公司的股票，依照有关法律、行政法规及证券交易所交易规则上市交易。

**第一百六十六条**　上市公司应当依照法律、行政法规的规定披露相关信息。

**第一百六十七条**　自然人股东死亡后，其合法继承人可以继承股东资格；但是，股份转让受限的股份有限公司的章程另有规定的除外。

## 第七章　国家出资公司组织机构的特别规定

**第一百六十八条**　国家出资公司的组织机构，适用本章规定；本章没有规定的，适用本法其他规定。

本法所称国家出资公司，是指国家出资的国有独资公司、国有资本控股公司，包括国家出资的有限责任公司、股份有限公司。

**第一百六十九条**　国家出资公司，由国务院或者地方人民政府分别代表国家依法履行出资人职责，享有出资人权益。国务院或者地方人民政府可以授权国有资产监督管理机构或者其他部门、机构代表本级人民政府对国家出资公司履行出资人职责。

代表本级人民政府履行出资人职责的机构、部门，以下统称为履行出资人职责的机构。

**第一百七十条** 国家出资公司中中国共产党的组织，按照中国共产党章程的规定发挥领导作用，研究讨论公司重大经营管理事项，支持公司的组织机构依法行使职权。

**第一百七十一条** 国有独资公司章程由履行出资人职责的机构制定。

**第一百七十二条** 国有独资公司不设股东会，由履行出资人职责的机构行使股东会职权。履行出资人职责的机构可以授权公司董事会行使股东会的部分职权，但公司章程的制定和修改，公司的合并、分立、解散、申请破产，增加或者减少注册资本，分配利润，应当由履行出资人职责的机构决定。

**第一百七十三条** 国有独资公司的董事会依照本法规定行使职权。

国有独资公司的董事会成员中，应当过半数为外部董事，并应当有公司职工代表。

董事会成员由履行出资人职责的机构委派；但是，董事会成员中的职工代表由公司职工代表大会选举产生。

董事会设董事长一人，可以设副董事长。董事长、副董事长由履行出资人职责的机构从董事会成员中指定。

**第一百七十四条** 国有独资公司的经理由董事会聘任或者解聘。

经履行出资人职责的机构同意，董事会成员可以兼任经理。

**第一百七十五条**　国有独资公司的董事、高级管理人员，未经履行出资人职责的机构同意，不得在其他有限责任公司、股份有限公司或者其他经济组织兼职。

**第一百七十六条**　国有独资公司在董事会中设置由董事组成的审计委员会行使本法规定的监事会职权的，不设监事会或者监事。

**第一百七十七条**　国家出资公司应当依法建立健全内部监督管理和风险控制制度，加强内部合规管理。

## 第八章　公司董事、监事、高级管理人员的资格和义务

**第一百七十八条**　有下列情形之一的，不得担任公司的董事、监事、高级管理人员：

（一）无民事行为能力或者限制民事行为能力；

（二）因贪污、贿赂、侵占财产、挪用财产或者破坏社会主义市场经济秩序，被判处刑罚，或者因犯罪被剥夺政治权利，执行期满未逾五年，被宣告缓刑的，自缓刑考验期满之日起未逾二年；

（三）担任破产清算的公司、企业的董事或者厂长、经理，对该公司、企业的破产负有个人责任的，自该公司、企业破产清算完结之日起未逾三年；

（四）担任因违法被吊销营业执照、责令关闭的公司、企业

的法定代表人，并负有个人责任的，自该公司、企业被吊销营业执照、责令关闭之日起未逾三年；

（五）个人因所负数额较大债务到期未清偿被人民法院列为失信被执行人。

违反前款规定选举、委派董事、监事或者聘任高级管理人员的，该选举、委派或者聘任无效。

董事、监事、高级管理人员在任职期间出现本条第一款所列情形的，公司应当解除其职务。

**第一百七十九条** 董事、监事、高级管理人员应当遵守法律、行政法规和公司章程。

**第一百八十条** 董事、监事、高级管理人员对公司负有忠实义务，应当采取措施避免自身利益与公司利益冲突，不得利用职权牟取不正当利益。

董事、监事、高级管理人员对公司负有勤勉义务，执行职务应当为公司的最大利益尽到管理者通常应有的合理注意。

公司的控股股东、实际控制人不担任公司董事但实际执行公司事务的，适用前两款规定。

**第一百八十一条** 董事、监事、高级管理人员不得有下列行为：

（一）侵占公司财产、挪用公司资金；

（二）将公司资金以其个人名义或者以其他个人名义开立账户存储；

（三）利用职权贿赂或者收受其他非法收入；

（四）接受他人与公司交易的佣金归为己有；

（五）擅自披露公司秘密；

（六）违反对公司忠实义务的其他行为。

**第一百八十二条** 董事、监事、高级管理人员，直接或者间接与本公司订立合同或者进行交易，应当就与订立合同或者进行交易有关的事项向董事会或者股东会报告，并按照公司章程的规定经董事会或者股东会决议通过。

董事、监事、高级管理人员的近亲属，董事、监事、高级管理人员或者其近亲属直接或者间接控制的企业，以及与董事、监事、高级管理人员有其他关联关系的关联人，与公司订立合同或者进行交易，适用前款规定。

**第一百八十三条** 董事、监事、高级管理人员，不得利用职务便利为自己或者他人谋取属于公司的商业机会。但是，有下列情形之一的除外：

（一）向董事会或者股东会报告，并按照公司章程的规定经董事会或者股东会决议通过；

（二）根据法律、行政法规或者公司章程的规定，公司不能利用该商业机会。

**第一百八十四条** 董事、监事、高级管理人员未向董事会或者股东会报告，并按照公司章程的规定经董事会或者股东会决议通过，不得自营或者为他人经营与其任职公司同类的业务。

**第一百八十五条** 董事会对本法第一百八十二条至第一百八十四条规定的事项决议时，关联董事不得参与表决，其表决权不计入表决权总数。出席董事会会议的无关联关系董事人数不足三人的，应当将该事项提交股东会审议。

**第一百八十六条** 董事、监事、高级管理人员违反本法第一百八十一条至第一百八十四条规定所得的收入应当归公司所有。

**第一百八十七条** 股东会要求董事、监事、高级管理人员列席会议的，董事、监事、高级管理人员应当列席并接受股东的质询。

**第一百八十八条** 董事、监事、高级管理人员执行职务违反法律、行政法规或者公司章程的规定，给公司造成损失的，应当承担赔偿责任。

**第一百八十九条** 董事、高级管理人员有前条规定的情形的，有限责任公司的股东、股份有限公司连续一百八十日以上单独或者合计持有公司百分之一以上股份的股东，可以书面请求监事会向人民法院提起诉讼；监事有前条规定的情形的，前述股东可以书面请求董事会向人民法院提起诉讼。

监事会或者董事会收到前款规定的股东书面请求后拒绝提起诉讼，或者自收到请求之日起三十日内未提起诉讼，或者情况紧急、不立即提起诉讼将会使公司利益受到难以弥补的损害的，前款规定的股东有权为公司利益以自己的名义直接向人民法院提起诉讼。

他人侵犯公司合法权益，给公司造成损失的，本条第一款规定的股东可以依照前两款的规定向人民法院提起诉讼。

公司全资子公司的董事、监事、高级管理人员有前条规定情形，或者他人侵犯公司全资子公司合法权益造成损失的，有限责任公司的股东、股份有限公司连续一百八十日以上单独或者合计持有公司百分之一以上股份的股东，可以依照前三款规定书面请求全资子公司的监事会、董事会向人民法院提起诉讼或者以自己的名义直接向人民法院提起诉讼。

**第一百九十条**　董事、高级管理人员违反法律、行政法规或者公司章程的规定，损害股东利益的，股东可以向人民法院提起诉讼。

**第一百九十一条**　董事、高级管理人员执行职务，给他人造成损害的，公司应当承担赔偿责任；董事、高级管理人员存在故意或者重大过失的，也应当承担赔偿责任。

**第一百九十二条**　公司的控股股东、实际控制人指示董事、高级管理人员从事损害公司或者股东利益的行为的，与该董事、高级管理人员承担连带责任。

**第一百九十三条**　公司可以在董事任职期间为董事因执行公司职务承担的赔偿责任投保责任保险。

公司为董事投保责任保险或者续保后，董事会应当向股东会报告责任保险的投保金额、承保范围及保险费率等内容。

## 第九章　公司债券

**第一百九十四条**　本法所称公司债券，是指公司发行的约定按期还本付息的有价证券。

公司债券可以公开发行，也可以非公开发行。

公司债券的发行和交易应当符合《中华人民共和国证券法》等法律、行政法规的规定。

**第一百九十五条** 公开发行公司债券，应当经国务院证券监督管理机构注册，公告公司债券募集办法。

公司债券募集办法应当载明下列主要事项：

（一）公司名称；

（二）债券募集资金的用途；

（三）债券总额和债券的票面金额；

（四）债券利率的确定方式；

（五）还本付息的期限和方式；

（六）债券担保情况；

（七）债券的发行价格、发行的起止日期；

（八）公司净资产额；

（九）已发行的尚未到期的公司债券总额；

（十）公司债券的承销机构。

**第一百九十六条** 公司以纸面形式发行公司债券的，应当在债券上载明公司名称、债券票面金额、利率、偿还期限等事项，并由法定代表人签名，公司盖章。

**第一百九十七条** 公司债券应当为记名债券。

**第一百九十八条** 公司发行公司债券应当置备公司债券持有人名册。

发行公司债券的，应当在公司债券持有人名册上载明下列事项：

（一）债券持有人的姓名或者名称及住所；

（二）债券持有人取得债券的日期及债券的编号；

（三）债券总额，债券的票面金额、利率、还本付息的期限和方式；

（四）债券的发行日期。

**第一百九十九条**　公司债券的登记结算机构应当建立债券登记、存管、付息、兑付等相关制度。

**第二百条**　公司债券可以转让，转让价格由转让人与受让人约定。

公司债券的转让应当符合法律、行政法规的规定。

**第二百零一条**　公司债券由债券持有人以背书方式或者法律、行政法规规定的其他方式转让；转让后由公司将受让人的姓名或者名称及住所记载于公司债券持有人名册。

**第二百零二条**　股份有限公司经股东会决议，或者经公司章程、股东会授权由董事会决议，可以发行可转换为股票的公司债券，并规定具体的转换办法。上市公司发行可转换为股票的公司债券，应当经国务院证券监督管理机构注册。

发行可转换为股票的公司债券，应当在债券上标明可转换公司债券字样，并在公司债券持有人名册上载明可转换公司债券的数额。

**第二百零三条**　发行可转换为股票的公司债券的，公司应当按照其转换办法向债券持有人换发股票，但债券持有人对转换股票或者不转换股票有选择权。法律、行政法规另有规定的除外。

**第二百零四条** 公开发行公司债券的，应当为同期债券持有人设立债券持有人会议，并在债券募集办法中对债券持有人会议的召集程序、会议规则和其他重要事项作出规定。债券持有人会议可以对与债券持有人有利害关系的事项作出决议。

除公司债券募集办法另有约定外，债券持有人会议决议对同期全体债券持有人发生效力。

**第二百零五条** 公开发行公司债券的，发行人应当为债券持有人聘请债券受托管理人，由其为债券持有人办理受领清偿、债权保全、与债券相关的诉讼以及参与债务人破产程序等事项。

**第二百零六条** 债券受托管理人应当勤勉尽责，公正履行受托管理职责，不得损害债券持有人利益。

受托管理人与债券持有人存在利益冲突可能损害债券持有人利益的，债券持有人会议可以决议变更债券受托管理人。

债券受托管理人违反法律、行政法规或者债券持有人会议决议，损害债券持有人利益的，应当承担赔偿责任。

## 第十章 公司财务、会计

**第二百零七条** 公司应当依照法律、行政法规和国务院财政部门的规定建立本公司的财务、会计制度。

**第二百零八条** 公司应当在每一会计年度终了时编制财务会计报告，并依法经会计师事务所审计。

财务会计报告应当依照法律、行政法规和国务院财政部门的规定制作。

**第二百零九条**　有限责任公司应当按照公司章程规定的期限将财务会计报告送交各股东。

股份有限公司的财务会计报告应当在召开股东会年会的二十日前置备于本公司，供股东查阅；公开发行股份的股份有限公司应当公告其财务会计报告。

**第二百一十条**　公司分配当年税后利润时，应当提取利润的百分之十列入公司法定公积金。公司法定公积金累计额为公司注册资本的百分之五十以上的，可以不再提取。

公司的法定公积金不足以弥补以前年度亏损的，在依照前款规定提取法定公积金之前，应当先用当年利润弥补亏损。

公司从税后利润中提取法定公积金后，经股东会决议，还可以从税后利润中提取任意公积金。

公司弥补亏损和提取公积金后所余税后利润，有限责任公司按照股东实缴的出资比例分配利润，全体股东约定不按照出资比例分配利润的除外；股份有限公司按照股东所持有的股份比例分配利润，公司章程另有规定的除外。

公司持有的本公司股份不得分配利润。

**第二百一十一条**　公司违反本法规定向股东分配利润的，股东应当将违反规定分配的利润退还公司；给公司造成损失的，股东及负有责任的董事、监事、高级管理人员应当承担赔偿责任。

**第二百一十二条** 股东会作出分配利润的决议的，董事会应当在股东会决议作出之日起六个月内进行分配。

**第二百一十三条** 公司以超过股票票面金额的发行价格发行股份所得的溢价款、发行无面额股所得股款未计入注册资本的金额以及国务院财政部门规定列入资本公积金的其他项目，应当列为公司资本公积金。

**第二百一十四条** 公司的公积金用于弥补公司的亏损、扩大公司生产经营或者转为增加公司注册资本。

公积金弥补公司亏损，应当先使用任意公积金和法定公积金；仍不能弥补的，可以按照规定使用资本公积金。

法定公积金转为增加注册资本时，所留存的该项公积金不得少于转增前公司注册资本的百分之二十五。

**第二百一十五条** 公司聘用、解聘承办公司审计业务的会计师事务所，按照公司章程的规定，由股东会、董事会或者监事会决定。

公司股东会、董事会或者监事会就解聘会计师事务所进行表决时，应当允许会计师事务所陈述意见。

**第二百一十六条** 公司应当向聘用的会计师事务所提供真实、完整的会计凭证、会计账簿、财务会计报告及其他会计资料，不得拒绝、隐匿、谎报。

**第二百一十七条** 公司除法定的会计账簿外，不得另立会计账簿。

对公司资金，不得以任何个人名义开立账户存储。

## 第十一章　公司合并、分立、增资、减资

**第二百一十八条**　公司合并可以采取吸收合并或者新设合并。

一个公司吸收其他公司为吸收合并，被吸收的公司解散。两个以上公司合并设立一个新的公司为新设合并，合并各方解散。

**第二百一十九条**　公司与其持股百分之九十以上的公司合并，被合并的公司不需经股东会决议，但应当通知其他股东，其他股东有权请求公司按照合理的价格收购其股权或者股份。

公司合并支付的价款不超过本公司净资产百分之十的，可以不经股东会决议；但是，公司章程另有规定的除外。

公司依照前两款规定合并不经股东会决议的，应当经董事会决议。

**第二百二十条**　公司合并，应当由合并各方签订合并协议，并编制资产负债表及财产清单。公司应当自作出合并决议之日起十日内通知债权人，并于三十日内在报纸上或者国家企业信用信息公示系统公告。债权人自接到通知之日起三十日内，未接到通知的自公告之日起四十五日内，可以要求公司清偿债务或者提供相应的担保。

**第二百二十一条**　公司合并时，合并各方的债权、债务，应当由合并后存续的公司或者新设的公司承继。

**第二百二十二条**　公司分立，其财产作相应的分割。

公司分立，应当编制资产负债表及财产清单。公司应当自

作出分立决议之日起十日内通知债权人，并于三十日内在报纸上或者国家企业信用信息公示系统公告。

**第二百二十三条** 公司分立前的债务由分立后的公司承担连带责任。但是，公司在分立前与债权人就债务清偿达成的书面协议另有约定的除外。

**第二百二十四条** 公司减少注册资本，应当编制资产负债表及财产清单。

公司应当自股东会作出减少注册资本决议之日起十日内通知债权人，并于三十日内在报纸上或者国家企业信用信息公示系统公告。债权人自接到通知之日起三十日内，未接到通知的自公告之日起四十五日内，有权要求公司清偿债务或者提供相应的担保。

公司减少注册资本，应当按照股东出资或者持有股份的比例相应减少出资额或者股份，法律另有规定、有限责任公司全体股东另有约定或者股份有限公司章程另有规定的除外。

**第二百二十五条** 公司依照本法第二百一十四条第二款的规定弥补亏损后，仍有亏损的，可以减少注册资本弥补亏损。减少注册资本弥补亏损的，公司不得向股东分配，也不得免除股东缴纳出资或者股款的义务。

依照前款规定减少注册资本的，不适用前条第二款的规定，但应当自股东会作出减少注册资本决议之日起三十日内在报纸上或者国家企业信用信息公示系统公告。

公司依照前两款的规定减少注册资本后，在法定公积金和任意公积金累计额达到公司注册资本百分之五十前，不得分配利润。

**第二百二十六条**　违反本法规定减少注册资本的，股东应当退还其收到的资金，减免股东出资的应当恢复原状；给公司造成损失的，股东及负有责任的董事、监事、高级管理人员应当承担赔偿责任。

**第二百二十七条**　有限责任公司增加注册资本时，股东在同等条件下有权优先按照实缴的出资比例认缴出资。但是，全体股东约定不按照出资比例优先认缴出资的除外。

股份有限公司为增加注册资本发行新股时，股东不享有优先认购权，公司章程另有规定或者股东会决议决定股东享有优先认购权的除外。

**第二百二十八条**　有限责任公司增加注册资本时，股东认缴新增资本的出资，依照本法设立有限责任公司缴纳出资的有关规定执行。

股份有限公司为增加注册资本发行新股时，股东认购新股，依照本法设立股份有限公司缴纳股款的有关规定执行。

## 第十二章　公司解散和清算

**第二百二十九条**　公司因下列原因解散：

（一）公司章程规定的营业期限届满或者公司章程规定的其他解散事由出现；

（二）股东会决议解散；

（三）因公司合并或者分立需要解散；

（四）依法被吊销营业执照、责令关闭或者被撤销；

（五）人民法院依照本法第二百三十一条的规定予以解散。

公司出现前款规定的解散事由，应当在十日内将解散事由通过国家企业信用信息公示系统予以公示。

**第二百三十条** 公司有前条第一款第一项、第二项情形，且尚未向股东分配财产的，可以通过修改公司章程或者经股东会决议而存续。

依照前款规定修改公司章程或者经股东会决议，有限责任公司须经持有三分之二以上表决权的股东通过，股份有限公司须经出席股东会会议的股东所持表决权的三分之二以上通过。

**第二百三十一条** 公司经营管理发生严重困难，继续存续会使股东利益受到重大损失，通过其他途径不能解决的，持有公司百分之十以上表决权的股东，可以请求人民法院解散公司。

**第二百三十二条** 公司因本法第二百二十九条第一款第一项、第二项、第四项、第五项规定而解散的，应当清算。董事为公司清算义务人，应当在解散事由出现之日起十五日内组成清算组进行清算。

清算组由董事组成，但是公司章程另有规定或者股东会决议另选他人的除外。

清算义务人未及时履行清算义务，给公司或者债权人造成损失的，应当承担赔偿责任。

**第二百三十三条** 公司依照前条第一款的规定应当清算，逾期不成立清算组进行清算或者成立清算组后不清算的，利害关系人可以申请人民法院指定有关人员组成清算组进行清算。人民法院应当受理该申请，并及时组织清算组进行清算。

公司因本法第二百二十九条第一款第四项的规定而解散的，作出吊销营业执照、责令关闭或者撤销决定的部门或者公司登记机关，可以申请人民法院指定有关人员组成清算组进行清算。

**第二百三十四条**　清算组在清算期间行使下列职权：

（一）清理公司财产，分别编制资产负债表和财产清单；

（二）通知、公告债权人；

（三）处理与清算有关的公司未了结的业务；

（四）清缴所欠税款以及清算过程中产生的税款；

（五）清理债权、债务；

（六）分配公司清偿债务后的剩余财产；

（七）代表公司参与民事诉讼活动。

**第二百三十五条**　清算组应当自成立之日起十日内通知债权人，并于六十日内在报纸上或者国家企业信用信息公示系统公告。债权人应当自接到通知之日起三十日内，未接到通知的自公告之日起四十五日内，向清算组申报其债权。

债权人申报债权，应当说明债权的有关事项，并提供证明材料。清算组应当对债权进行登记。

在申报债权期间，清算组不得对债权人进行清偿。

**第二百三十六条**　清算组在清理公司财产、编制资产负债表和财产清单后，应当制订清算方案，并报股东会或者人民法院确认。

公司财产在分别支付清算费用、职工的工资、社会保险费用和法定补偿金，缴纳所欠税款，清偿公司债务后的剩余财产，有限责任公司按照股东的出资比例分配，股份有限公司按照股东持有的股份比例分配。

清算期间，公司存续，但不得开展与清算无关的经营活动。公司财产在未依照前款规定清偿前，不得分配给股东。

**第二百三十七条** 清算组在清理公司财产、编制资产负债表和财产清单后，发现公司财产不足清偿债务的，应当依法向人民法院申请破产清算。

人民法院受理破产申请后，清算组应当将清算事务移交给人民法院指定的破产管理人。

**第二百三十八条** 清算组成员履行清算职责，负有忠实义务和勤勉义务。

清算组成员怠于履行清算职责，给公司造成损失的，应当承担赔偿责任；因故意或者重大过失给债权人造成损失的，应当承担赔偿责任。

**第二百三十九条** 公司清算结束后，清算组应当制作清算报告，报股东会或者人民法院确认，并报送公司登记机关，申请注销公司登记。

**第二百四十条** 公司在存续期间未产生债务，或者已清偿全部债务的，经全体股东承诺，可以按照规定通过简易程序注销公司登记。

通过简易程序注销公司登记，应当通过国家企业信用信息公示系统予以公告，公告期限不少于二十日。公告期限届满后，未有异议的，公司可以在二十日内向公司登记机关申请注销公司登记。

公司通过简易程序注销公司登记，股东对本条第一款规定的内容承诺不实的，应当对注销登记前的债务承担连带责任。

**第二百四十一条**　公司被吊销营业执照、责令关闭或者被撤销，满三年未向公司登记机关申请注销公司登记的，公司登记机关可以通过国家企业信用信息公示系统予以公告，公告期限不少于六十日。公告期限届满后，未有异议的，公司登记机关可以注销公司登记。

依照前款规定注销公司登记的，原公司股东、清算义务人的责任不受影响。

**第二百四十二条**　公司被依法宣告破产的，依照有关企业破产的法律实施破产清算。

## 第十三章　外国公司的分支机构

**第二百四十三条**　本法所称外国公司，是指依照外国法律在中华人民共和国境外设立的公司。

**第二百四十四条**　外国公司在中华人民共和国境内设立分支机构，应当向中国主管机关提出申请，并提交其公司章程、所属国的公司登记证书等有关文件，经批准后，向公司登记机关依法办理登记，领取营业执照。

外国公司分支机构的审批办法由国务院另行规定。

**第二百四十五条** 外国公司在中华人民共和国境内设立分支机构，应当在中华人民共和国境内指定负责该分支机构的代表人或者代理人，并向该分支机构拨付与其所从事的经营活动相适应的资金。

对外国公司分支机构的经营资金需要规定最低限额的，由国务院另行规定。

**第二百四十六条** 外国公司的分支机构应当在其名称中标明该外国公司的国籍及责任形式。

外国公司的分支机构应当在本机构中置备该外国公司章程。

**第二百四十七条** 外国公司在中华人民共和国境内设立的分支机构不具有中国法人资格。

外国公司对其分支机构在中华人民共和国境内进行经营活动承担民事责任。

**第二百四十八条** 经批准设立的外国公司分支机构，在中华人民共和国境内从事业务活动，应当遵守中国的法律，不得损害中国的社会公共利益，其合法权益受中国法律保护。

**第二百四十九条** 外国公司撤销其在中华人民共和国境内的分支机构时，应当依法清偿债务，依照本法有关公司清算程序的规定进行清算。未清偿债务之前，不得将其分支机构的财产转移至中华人民共和国境外。

## 第十四章 法律责任

**第二百五十条** 违反本法规定，虚报注册资本、提交虚假材料或者采取其他欺诈手段隐瞒重要事实取得公司登记的，由公司登记机关责令改正，对虚报注册资本的公司，处以虚报注册资本金额百分之五以上百分之十五以下的罚款；对提交虚假材料或者采取其他欺诈手段隐瞒重要事实的公司，处以五万元以上二百万元以下的罚款；情节严重的，吊销营业执照；对直接负责的主管人员和其他直接责任人员处以三万元以上三十万元以下的罚款。

**第二百五十一条**　公司未依照本法第四十条规定公示有关信息或者不如实公示有关信息的，由公司登记机关责令改正，可以处以一万元以上五万元以下的罚款。情节严重的，处以五万元以上二十万元以下的罚款；对直接负责的主管人员和其他直接责任人员处以一万元以上十万元以下的罚款。

**第二百五十二条**　公司的发起人、股东虚假出资，未交付或者未按期交付作为出资的货币或者非货币财产的，由公司登记机关责令改正，可以处以五万元以上二十万元以下的罚款；情节严重的，处以虚假出资或者未出资金额百分之五以上百分之十五以下的罚款；对直接负责的主管人员和其他直接责任人员处以一万元以上十万元以下的罚款。

**第二百五十三条**　公司的发起人、股东在公司成立后，抽逃其出资的，由公司登记机关责令改正，处以所抽逃出资金额百分之五以上百分之十五以下的罚款；对直接负责的主管人员和其他直接责任人员处以三万元以上三十万元以下的罚款。

**第二百五十四条**　有下列行为之一的，由县级以上人民政府财政部门依照《中华人民共和国会计法》等法律、行政法规的规定处罚：

（一）在法定的会计账簿以外另立会计账簿；

（二）提供存在虚假记载或者隐瞒重要事实的财务会计报告。

**第二百五十五条** 公司在合并、分立、减少注册资本或者进行清算时，不依照本法规定通知或者公告债权人的，由公司登记机关责令改正，对公司处以一万元以上十万元以下的罚款。

**第二百五十六条** 公司在进行清算时，隐匿财产，对资产负债表或者财产清单作虚假记载，或者在未清偿债务前分配公司财产的，由公司登记机关责令改正，对公司处以隐匿财产或者未清偿债务前分配公司财产金额百分之五以上百分之十以下的罚款；对直接负责的主管人员和其他直接责任人员处以一万元以上十万元以下的罚款。

**第二百五十七条** 承担资产评估、验资或者验证的机构提供虚假材料或者提供有重大遗漏的报告的，由有关部门依照《中华人民共和国资产评估法》、《中华人民共和国注册会计师法》等法律、行政法规的规定处罚。

承担资产评估、验资或者验证的机构因其出具的评估结果、验资或者验证证明不实，给公司债权人造成损失的，除能够证明自己没有过错的外，在其评估或者证明不实的金额范围内承担赔偿责任。

**第二百五十八条** 公司登记机关违反法律、行政法规规定未履行职责或者履行职责不当的，对负有责任的领导人员和直接责任人员依法给予政务处分。

**第二百五十九条**　未依法登记为有限责任公司或者股份有限公司，而冒用有限责任公司或者股份有限公司名义的，或者未依法登记为有限责任公司或者股份有限公司的分公司，而冒用有限责任公司或者股份有限公司的分公司名义的，由公司登记机关责令改正或者予以取缔，可以并处十万元以下的罚款。

**第二百六十条**　公司成立后无正当理由超过六个月未开业的，或者开业后自行停业连续六个月以上的，公司登记机关可以吊销营业执照，但公司依法办理歇业的除外。

公司登记事项发生变更时，未依照本法规定办理有关变更登记的，由公司登记机关责令限期登记；逾期不登记的，处以一万元以上十万元以下的罚款。

**第二百六十一条**　外国公司违反本法规定，擅自在中华人民共和国境内设立分支机构的，由公司登记机关责令改正或者关闭，可以并处五万元以上二十万元以下的罚款。

**第二百六十二条**　利用公司名义从事危害国家安全、社会公共利益的严重违法行为的，吊销营业执照。

**第二百六十三条**　公司违反本法规定，应当承担民事赔偿责任和缴纳罚款、罚金的，其财产不足以支付时，先承担民事赔偿责任。

**第二百六十四条**　违反本法规定，构成犯罪的，依法追究刑事责任。

## 第十五章　附　　则

**第二百六十五条**　本法下列用语的含义：

（一）高级管理人员，是指公司的经理、副经理、财务负责人，上市公司董事会秘书和公司章程规定的其他人员。

（二）控股股东，是指其出资额占有限责任公司资本总额超过百分之五十或者其持有的股份占股份有限公司股本总额超过百分之五十的股东；出资额或者持有股份的比例虽然低于百分之五十，但依其出资额或者持有的股份所享有的表决权已足以对股东会的决议产生重大影响的股东。

（三）实际控制人，是指通过投资关系、协议或者其他安排，能够实际支配公司行为的人。

（四）关联关系，是指公司控股股东、实际控制人、董事、监事、高级管理人员与其直接或者间接控制的企业之间的关系，以及可能导致公司利益转移的其他关系。但是，国家控股的企业之间不仅因为同受国家控股而具有关联关系。

**第二百六十六条**　本法自 2024 年 7 月 1 日起施行。

本法施行前已登记设立的公司，出资期限超过本法规定的期限的，除法律、行政法规或者国务院另有规定外，应当逐步调整至本法规定的期限以内；对于出资期限、出资额明显异常的，公司登记机关可以依法要求其及时调整。具体实施办法由国务院规定。

第二部分

# 条文解读

# 第一章　总　则

## 1 《公司法》的立法目的和职工合法权益保护的关系是什么?

依据《公司法》第1条的规定,《公司法》的立法目的是规范公司的组织和行为，保护公司、股东、职工和债权人的合法权益，完善中国特色现代企业制度，弘扬企业家精神，维护社会经济秩序，促进社会主义市场经济的发展。

《公司法》的立法目的不仅在于保护公司利益、股东利益、债权人利益，还在于保护职工利益。《公司法》第1条明确规定保护职工合法权益是其立法宗旨之一。在某种程度上,《公司法》就是一部职工权益保护法，职工权益保护原则贯穿《公司法》的各项具体条款。职工具有多重身份，从公司内部视角来看，职工是公司的雇员，享有劳动者的各项权益，但是职工也可以是公司股东，成为公司的所有者，享有股东的各项权益。职工还可以是公司董事，成为公司的管理者，享有董事的各项权益；职工也可以是公司监事，成为公司事务的监督者，享有监事的监督权益。从公司外部视角来看，职工是公司的债权人，享有债权人的各项权益，而且职工债权受到法律的特殊保护。职工还可以是公司的代理人、占有辅助人、受托人等。显然，职工不仅是劳动者，还可以是公司的所有权者、管理者、监督者或债权人。

**参考法条**

《公司法》第1条

**要点提示**

职工权益保护是《公司法》的立法目的之一，同时也是《公司法》的基本原则之一。职工权益保护贯穿《公司法》的各个方面，体现在《公司法》的各项具体条款当中。

## 2 公司作为企业法人有哪些特征？

依据《公司法》第3条的规定，公司是企业法人，有独立的法人财产，享有法人财产权。公司以其全部财产对公司的债务承担责任。公司的合法权益受法律保护，不受侵犯。

公司是具有独立法人资格的营利性的社团法人，具有独立的名义、独立的财产，独立承担责任。营利性意味着公司的经营目的是给股东分红。

（1）独立的名义。公司以自己的名义参加民事活动、以自己的名义参与诉讼活动，可以做诉讼中的原告和被告。公司股东会、董事会、监事会是公司机关，其不能成为诉讼中的原告和被告。

（2）独立的财产。公司对其财产可以享有所有权。就国有公司而言，公司依然对其财产享有所有权，国家作为出资人享有出资人的相关权益。股东出资时，股东应当将出资的所有权转移给公司，股东获得对应的股权。

（3）独立的责任。公司以其全部财产对公司债务承担无限责任，股东以认缴的出资为限承担有限责任。

**参考法条**

《公司法》第3条

**要点提示**

公司是具有营利性的社团法人，其目的是将利润分配给股东，如果公司解散清算后还有剩余财产，应当分配给股东。

## 3　公司股东如何对公司承担责任？

根据《公司法》第4条第1款的规定，有限责任公司的股东以其认缴的出资额为限对公司承担责任；股份有限公司的股东以其认购的股份为限对公司承担责任。

股东缴纳出资可以区分为认缴出资和实缴出资。

（1）认缴出资是股东向公司做出出资的承诺，类似合同订立，产生股东出资的债务关系（负担行为）。实缴出资是股东向公司实际履行出资义务，类似合同履行，发生出资所有权变动的物权关系或准物权关系（处分行为）。股东不履行出资义务，应当按照认缴约定承担相应的法律责任，包括民事责任、行政责任（《公司法》第252条、第253条），甚至刑事责任（《刑法》第159条）。

（2）股东认缴出资后即可获得股东资格，承担出资责任，同时可以获得对应的管理权，如表决权。股东实缴出资后可依法获得对应的财产权益，如分红权、优先认股权、剩余财产分配请求权等。

（3）认缴出资在《公司法》中具有举足轻重的意义和价值。认缴出资不仅有约定效果，还有法定效果。所谓一旦认缴，永久认缴；一旦出资，永久出资。认缴出资是合同约定，股东违反认缴约定，须向公司或其他股东承担违约责任。在公司内部，认缴出资构成股东的出资比例关系，对股东会表决至关重要。认缴出资还有法定效果，认缴出资构成公司的注册资本，构成公司债权人的信赖基础。股东违反认缴出资义务是违法行为，情节严重构成犯罪的，还要承担刑事责任。

**参考法条**

《公司法》第4条、第252条、第253条，《刑法》第159条

**要点提示**

股东的认缴出资构成公司注册资本，形成公司债权人保护的信赖基础。股东认缴出资责任不仅是民事责任，还是行政责任，甚至是刑事责任。

## 4 公司股东对公司依法享有哪些权利？

根据《公司法》第4条第2款的规定，公司股东对公司依法享有资产收益、参与重大决策和选择管理者等权利。

学理上，在《公司法》中，股东对公司的权益包括两方面：一是财产权，包括利润分配请求权、有限责任公司增资时的优先认股权、公司解散清算后的剩余财产分配请求权等。二是管理权，包括知情权、建议权、质询权、股东会的提议召开权、股东会的召集主持权、表决权、选举权和被选举权、提案权、转让出资或股份权、异议股东股份回购请求权、司法解散请求权以及各种诉讼权利，如代表诉权、直接诉权、撤销诉权等。依据经典的人力资本理论，职工是人力资本出资者，是公司的利益相关者。以我国传统的企业民主管理制度为指引，职工可以参照享有股东的相关权益，如知情权、建议权、质询权、提案权等。

### 参考法条

《公司法》第4条

### 要点提示

职工作为公司的利益相关者，以我国企业民主管理制度为指引，可以参照享有股东的相关权益，如知情权、建议权、质询权等。

## 5 公司章程对哪些主体具有约束力?

依据《公司法》第 5 条的规定，公司章程对公司、股东、董事、监事、高级管理人员具有约束力。

学理上，公司章程类似于公司的宪法，在公司内部具有最高效力。公司章程的制定、修改有严格的程序。设立公司应当依法制定公司章程，有限责任公司的公司章程修改须经代表三分之二以上表决权的股东同意（《公司法》第 66 条第 3 款），股份有限公司的公司章程修改须经出席会议的股东所持表决权的三分之二以上通过（《公司法》第 116 条第 3 款）。

公司章程类似于一种特殊的债务合同，在公司内部对公司、股东、董事、监事、高管具有约束力。一般而言，公司章程不具有公司外部的效力，无法约束公司债权人。例如，公司章程对公司董事甲的用款职权范围限制在 100 万元内，但董事甲以公司名义与张三订立了标的额为 1000 万元的合同，则该合同是有效的。公司利益受到损害时，公司可内部向董事甲予以追偿，但不影响其对外订立的合同效力。

### 参考法条

《公司法》第 5 条

### 要点提示

公司章程仅仅具有内部效力，只能约束公司、股东、董事、监事、高级管理人员，不能直接约束第三人。

## 6　公司超越经营范围订立的合同是否无效?

依据《民法典》第 505 条的规定，当事人超越经营范围订立的合同效力，不得仅以超越经营范围确认合同无效。依据《公司法》第 9 条的规定，公司的经营范围由公司章程规定。公司可以修改公司章程，变更经营范围。公司的经营范围中属于法律、行政法规规定须经批准的项目，应当依法经过批准。依据《民法典》第 153 条的规定，公司违反法律、行政法规的强制性规定的民事法律行为无效，但是，该强制性规定不导致该民事法律行为无效的除外。

民法理论认为，公司是社团法人，享有完全的民事权利能力和民事行为能力，可以以自己的名义实施民事法律行为，公司的经营范围不能限制公司的民事权利能力和民事行为能力，公司超越经营范围订立的合同一般有效，除非公司从事了违法的经营活动，违反了法律、行政法规的强制性规范，导致合同无效。公司经营范围的目的一般在于限制公司的董事和高管，而不是限制公司的民事行为能力。

**参考法条**

《公司法》第 9 条,《民法典》第 143 条、第 153 条、第 505 条

**要点提示**

公司超越经营范围订立的合同一般有效，除非违反了法律、行政法规的强制性规定。

## 7 公司的法定代表人由谁担任？

依据《公司法》第10条第1款的规定，公司的法定代表人按照公司章程的规定，由代表公司执行公司事务的董事或者经理担任。

法定代表人系自然人，是公司的代表机关，其代表公司从事民事活动。法定代表人以公司名义实施的行为就是公司的行为。法定代表人不仅可以代表公司实施民事法律行为，如订立合同，还可以代表公司实施事实行为。法定代表人以公司名义对他人的侵权行为可以认定为公司的侵权行为。法定代表人由代表公司执行公司事务的董事或经理担任，执行公司事务的董事可以不是董事长，只要是执行公司事务的董事即可。经理是承担公司日常经营管理职责的高级管理人员。

担任法定代表人的董事或者经理辞任的，视为同时辞去法定代表人。法定代表人辞任的，公司应当在法定代表人辞任之日起三十日内确定新的法定代表人。法定代表人是公司的代表机关，长期空缺会严重影响公司正常经营管理活动，因此必须在法定代表人辞任之日起三十日内补任。

### 参考法条

《公司法》第10条

### 要点提示

代表不同于代理，代理仅限于民事法律行为的代理，主要是代理订立民事合同，但几乎所有民事活动都可以代表，甚至包括侵权行为。法定代表人以公司名义做出的行为，就是公司的行为。

## 8　公司章程或者股东会对法定代表人职权的限制，是否可以对抗善意相对人？

依据《公司法》第 11 条第 2 款的规定，公司章程或者股东会对法定代表人职权的限制，不得对抗善意相对人。

为保护交易安全和善意相对人的信赖利益，法定代表人以公司名义从事的民事活动，其法律后果由公司承担。公司章程和股东会决议一般仅具有内部效力。公司章程类似债务合同，只能约束公司、股东、董事、监事、高管，无法约束善意相对人。股东会决议系决议行为，仅在公司内部具有约束力，无法约束善意相对人。

因此，在公司外部，公司章程或股东会对法定代表人职权的限制仅具有内部效力，无法对抗善意相对人。法定代表人因执行职务造成他人损害的，由公司承担民事责任。在公司内部，公司承担民事责任后，依照法律或者公司章程的规定，可以向有过错的法定代表人追偿。

**参考法条**

《公司法》第 11 条（本条为新增内容）

**要点提示**

商事组织法的基本原理是：内外有别，信赖保护。外部保护信赖利益和交易安全，保护善意相对人；内部公司向有过错的责任人追偿。

## 9 分公司是否具有法人资格？

依据《公司法》第13条第2款的规定，分公司不具有法人资格，其民事责任由公司承担。

分公司是公司设置的分支机构，不具有法人资格，其财产属于总公司，其责任由总公司承担。分公司以自己的名义从事民事活动，产生的民事责任由总公司承担，也可以先以该分公司管理的财产承担，不足以承担的，由总公司承担（《民法典》第74条第2款）。虽然分公司没有法人资格，但其可以自己的名义从事民事活动和诉讼活动，依法办理相关登记手续后，也可以在诉讼中做原告和被告，还可以作为用人单位招聘劳动者，只是财产和责任不独立。分公司的名称中应当写明“某某分公司”字样。

公司可以设立子公司。子公司具有法人资格，依法独立承担民事责任。子公司具有独立的法人资格，其财产和责任完全独立，但受母公司的控制。

**参考法条**

《公司法》第 13 条,《民法典》第 74 条

**要点提示**

分公司拖欠职工工资时，职工可依法向总公司主张权利。

## 10 公司为公司股东或者实际控制人提供担保的，是否应当经股东会决议？

依据《公司法》第 15 条第 2 款的规定，公司为公司股东或者实际控制人提供担保的，应当经股东会决议。

公司为他人提供担保，担保可分为对内提供担保（内保）和对外提供担保（外保）两种形式，二者有不同的程序规则。公司章程对投资或者担保的总额及单项投资或者担保的数额有限额规定的，不得超过规定的限额。

（1）内保。内保是指公司为股东或实际控制人提供担保，内保必须经过股东会决议，而且接受担保的股东或实际控制人控制的股东不得参加表决，该项表决由出席会议的其他股东所持表决权的过半数通过。

（2）外保。外保是指公司为股东或实际控制人以外的人提供担保，如为其他企业、第三人等。外保按照公司章程的规定，由董事会或者股东会决议。

**参考法条**

《公司法》第 15 条

**要点提示**

公司为股东或实际控制人提供担保的，《公司法》规定其必须经过股东会决议，对于法定股东会决议事项，相对人负有一定的合理审查义务。公司为股东或实际控制人提供担保的，相对人要主动审查相关的股东会决议。

## 11 公司对职工的保护义务主要有哪些？

依据《公司法》第 16 条第 1 款的规定，公司应当保护职工的合法权益，依法与职工签订劳动合同，参加社会保险，加强劳动保护，实现安全生产。

（1）公司应当保护职工的合法权益。劳动者享有平等就业、自由缔结劳动合同、按时足额取得劳动报酬、休息休假、获得劳动安全保护、接受职业培训、享受社会保险、参与企业民主管理、组建工会、申请仲裁或诉讼等权益。公司应当积极保护职工的合法权益，采取切实措施保障劳动者合法权益的实现。

（2）公司应当依法与职工签订劳动合同。公司有与职工订立劳动合同的法定义务，违反该义务，要承担支付双倍工资的法律责任（《劳动合同法》第 82 条第 1 款）。

（3）公司应当依法为职工办理社会保险。国家建立基本养老保险、基本医疗保险、工伤保险、失业保险、生育保险等社会保险制度，保障公民在年老、疾病、工伤、失业、生育等情况下依法从国家和社会获得物质帮助的权利。公司应当依法为职工办理养老、医疗、工伤、失业、生育等社会保险，切实保护职工的社会保险权益。

（4）公司应当加强劳动保护，实现安全生产。用人单位必须建立、健全劳动安全卫生制度，严格执行国家劳动安全卫生规程和标准，对劳动者进行劳动安全卫生教育，防止劳动过程中的事故，减少职业危害（《劳动法》第52条）。公司应当建立和完善劳动安全卫生制度，切实加强劳动保护，防范职业风险，实现安全生产。

**参考法条**

《公司法》第16条

**要点提示**

公司对职工负担保护义务，公司未履行该保护义务的，应当承担相应的法律责任。

## 12 公司加强公司职工的职业教育和岗位培训，提高职工素质的依据是什么？

依据《公司法》第16条第2款的规定，公司应当采用多种形式，加强公司职工的职业教育和岗位培训，提高职工素质。

用人单位应当建立职业培训制度，按照国家规定提取和使用职业培训经费，根据本单位的实际情况，有计划地对劳动者进行职业培训。从事技术工种的劳动者，上岗前必须经过培训（《劳动法》第68条）。加强公司职工的职业教育和岗位培训，不仅能加强劳动保护，实现安全生产，提高劳动者的工作效率，还能提高职工素质和技能，实现职工能力提升，促进劳动者的全面发展。职工通过劳动不仅可以获得劳动报酬，而且还能不断提升自身素质，促进其全面发展和价值的实现，获得职业认同和尊重。

**参考法条**

《公司法》第16条

**要点提示**

公司应当为职工培训提供经费支持和时间便利，切实实现职工接受职业教育和岗位培训的权利。

## 13 公司为本公司工会提供必要活动条件的依据是什么？

依据《公司法》第17条第1款的规定，公司应当为本公司工会提供必要的活动条件。

在中国境内的企业、事业单位、机关、社会组织中以工资收入为主要生活来源的劳动者，不分民族、种族、性别、职业、宗教信仰、教育程度，都有依法参加和组织工会的权利。任何组织和个人都不得阻挠和限制。工会适应企业组织形式、职工队伍结构、劳动关系、就业形态等方面的发展变化，依法维护劳动者参加和组织工会的权利（《工会法》第4条）。劳动者有权依法参加和组织工会。工会代表和维护劳动者的合法权益，依法独立自主地开展活动（《劳动法》第7条）。公司职工依照《工会法》组织工会，开展工会活动，维护职工合法权益。公司应当为本公司工会提供必要的活动条件，包括活动经费、活动场所、活动时间等。公司工会代表职工就职工的劳动报酬、工作时间、休息休假、劳动安全卫生和保险福利等事项依法与公司签订集体合同。

**参考法条**

《公司法》第17条

**要点提示**

公司为本公司工会提供必要的活动条件是《公司法》中的强制性规范，如果公司违反该强制性规范，应当承担相应的法律责任。

## 14　公司民主管理制度的基本形式是什么？

依据《公司法》第17条第2款的规定，公司依照宪法和有关法律的规定，建立健全以职工代表大会为基本形式的民主管理制度，通过职工代表大会或者其他形式，实行民主管理。

职工代表大会是企业民主管理制度的基本形式，职工参与公司民主管理还包括厂（企）务公开、集体协商、职工董事、职工监事以及恳谈会等多种形式。积极发挥职工的主人翁地位，鼓励和支持职工参与公司民主管理，是深入适用《公司法》的重点问题，也是工会维护职工民主管理权益的重要表现。

从内部视角来看，基于人力资本理论、利益相关者理论和企业社会责任理论，职工是公司的利益相关者，可以享有参与公司治理的相关权益，如知情权、建议权、质询权等，由此可加强职工对公司经营管理的内部参与。以参照股东相关权益规则为基础，与职工代表大会、厂务公开以及其他形式的企业民主管理制度紧密衔接，可以将以职工代表大会为基本形式的民主管理制度（包括厂务公开、集体协商等）深度融入新《公司法》框架下的公司治理结构，完善职工参与公司民主管理的内部体系结构，充分实现职工对企业民主管理的内部实质参与。

从外部视角来看，职工是公司的债权人，在公司设立、股东出资、公司合并分立、公司解散和清算等各个阶段都享有相应的权益，由此可推动职工对公司经营管理活动的外部监督。以充分保护职工债权（包括工资债权、社会保险债权等）为基础框架，可以将以职工债权保护规则融入新《公司法》框架下的公司治理结构，完善职工参与公司民主管理的外部体系结构，充分实现职工对企业经营管理活动的外部监督。

**参考法条**

《公司法》第17条

## 要点提示

应当重视股东权益规则对职工的部分参照适用，让职工享有股东的某些相关权益，如知情权、建议权、质询权等，同时应当高度重视职工作为公司债权人对公司经营管理的外部监督，形成职工参与公司民主管理的完整体系，以此全面加强和改善企业民主管理制度。

## 15 公司在哪些情形下，应当听取公司工会的意见，并通过职工代表大会或者其他形式听取职工的意见和建议？

依据《公司法》第 17 条第 3 款的规定，公司研究决定改制、解散、申请破产以及经营方面的重大问题、制定重要的规章制度时，应当听取公司工会的意见，并通过职工代表大会或者其他形式听取职工的意见和建议。

（1）改制。改制主要是针对国企改制，将传统国有企业改制为现代化的公司制，建立和完善股东会、董事会、监事会等现代公司治理制度。改制与职工利益息息相关，公司研究决定改制的问题，应当听取职工的意见。

（2）解散。公司解散包括自愿解散、行政解散、司法解散和破产解散等。解散之后还涉及清算问题。解散会导致公司人格消灭，直接影响职工的就业问题，应当听取职工的意见。

（3）申请破产。公司作为债务人可以依法申请破产，一旦申请破产，如被法院受理，公司将进入破产程序，无论重整、和解还是清算程序，都涉及职工的切身利益，应当听取职工的建议。

（4）经营方面的重大问题。公司的重大投资、重大营业转让、增资、减资、合并、分立、变更等经营方面的重点问题，都与职工利益密切相关，应当听取职工的建议。

（5）制定重要的规章制度。公司在制定、修改或者决定有关劳动报酬、工作时间、休息休假、劳动安全卫生、保险福利、职工培训、劳动纪律以及劳动定额管理等直接涉及劳动者切身利益的规章制度或者重大事项时，需要听取职工的意见和建议（《劳动合同法》第4条第2款）。

**参考法条**

《公司法》第17条

**要点提示**

可参照股东的建议权和质询权规则，进一步明确职工的建议权和质询权，切实加强和完善职工参与公司民主管理制度。

## 16 公司从事经营活动，是否需要考虑职工的利益？

依据《公司法》第20条第1款的规定，公司从事经营活动，应当充分考虑公司职工、消费者等利益相关者的利益以及生态环境保护等社会公共利益，承担社会责任。

职工向公司投入的人力资本，构成公司重要的资产来源，在公司经营活动中具有重要的法律地位，并发挥了重要的作用。职工是公司的利益相关者，公司的经营活动必须也应当考虑职工利益，公司获得利润，离不开职工的辛勤劳动。公司考虑职工利益，不仅是公司自身利益实现的基础，也是公司承担社会责任的要求。公司在做出经营决策时，应当充分考虑对职工利益的保护。

**参考法条**

《公司法》第 20 条

**要点提示**

职工是公司的利益相关者，公司从事经营活动，应当充分考虑职工利益。

## 17 公司股东滥用公司人格和有限责任，损害债权人利益的，承担什么责任？

依据《公司法》第 23 条第 1 款和第 2 款的规定，公司股东滥用公司法人独立地位和股东有限责任，逃避债务，严重损害公司债权人利益的，应当对公司债务承担连带责任。公司法人人格否认制度是指股东滥用公司人格，损害债权人利益的，应当对公司债务承担连带责任的制度。新《公司法》增加了横向否认公司人格制度，股东利用其控制的两个以上公司损害债权人利益的，债权人可对股东控制的任一公司主张连带责任。例如，股东张三控制着甲公司和乙公司，他滥用控制地位，导致甲公司和乙公司的人格、财产完全混同，此时甲公司的债权人李四则可向乙公司主张连带责任。

股东滥用公司人格和有限责任，在外部损害了债权人利益，在内部还损害了公司利益和股东利益。依据《公司法》第 21 条第 2 款的规定，公司股东滥用股东权利给公司或者其他股东造成损失的，应当承担赔偿责任。

**参考法条**

《公司法》第 21 条、第 23 条

**要点提示**

股东滥用公司人格和有限责任，损害债权人利益的，应当对债权人承担连带责任；损害公司利益和股东利益的，应当对公司和股东承担损害赔偿责任。

## 18 一人公司的股东如何避免对公司债务承担连带责任？

一人公司是指公司只有一个自然人股东或者法人股东。在此情形下，股东对公司的控制力极强，难以形成制衡的公司治理结构，突出表现为股东财产与公司财产混同，容易出现股东侵占公司财产从而损害公司债权人的现象。为了平衡股东权利与公司债权人利益的保护，《公司法》对一人公司的财产混同实行举证责任倒置，即股东必须证明自己的财产与公司财产完全独立，才可能对公司债务不承担连带责任。

一人公司的股东证明自己的财产与公司财产完全独立，必须提供各年度具有连续性的、完整的审计报告，且该审计报告必须详尽列明公司的财务往来以及与股东之间的账目是否清晰、独立核算。审计报告必须完整体现公司与股东财产的独立性，否则即使有审计报告也难以认为股东完成了举证责任。

**参考法条**

《公司法》第 23 条、第 208 条

**要点提示**

一人公司不存在财产混同的情况由股东承担举证责任；股东必须提交详尽、完整、充分的审计报告，才可能被认为完成了举证责任。

## 19 公司股东会、董事会的会议召集程序、表决方式违反法律、行政法规或者公司章程，或者决议内容违反公司章程的，股东享有何种权利？

依据《公司法》第 26 条的规定，公司股东会、董事会的会议召集程序、表决方式违反法律、行政法规或者公司章程，或者决议内容违反公司章程的，股东可以请求人民法院撤销。

股东会、董事会的决议程序违法、内容违反公司章程的，股东享有撤销权，但是为了限制撤销权的滥用，公司法设置了以下限制：

（1）必须起诉。股东撤销程序违法、内容违章的股东会、董事会决议的，必须向人民法院起诉主张撤销。

（2）除斥期间。撤销权系形成权，受到除斥期间的限制。股东自决议作出之日起六十日内，可请求人民法院撤销，未被通知参加股东会会议的股东自知道或者应当知道股东会决议作出之日起六十日内，可以请求人民法院撤销；但自决议作出之日起一年内没有行使撤销权的，无论股东知道或不知道股东会决议，撤销权都消灭。

（3）轻微瑕疵不撤销。股东会、董事会的会议召集程序或者表决方式仅有轻微瑕疵，对决议未产生实质影响的，不能主张撤销。

## 参考法条

《公司法》第 26 条

## 要点提示

股东会、董事会决议程序违法、内容违章，股东可以依法请求人民法院撤销，但是撤销权的行使受到一定的限制。

## 20 股东会、董事会决议被人民法院宣告无效、撤销或者确认不成立的，公司根据该决议与善意相对人形成的民事法律关系是否受影响？

依据《公司法》第28条第2款的规定，股东会、董事会决议被人民法院宣告无效、撤销或者确认不成立的，公司根据该决议与善意相对人形成的民事法律关系不受影响。

公司股东会决议、董事会决议是公司内部的决议行为，属于公司的内部关系，其仅具有内部效力，无法对抗外部善意相对人。公司与善意相对人形成的民事法律关系属于公司与相对人的外部关系。例如，经甲公司股东会决议，甲公司与张三订立了投资合同，后该股东会决议被认定无效，甲公司和张三订立的投资合同依然有效。股东会决议仅是公司内部的决议行为，而甲公司和张三订立的投资合同系另一独立的外部关系。张三与甲公司通过要约、承诺订立投资合同，与甲公司内部的股东会决议分属不同的法律关系领域。

公司股东会、董事会决议被人民法院宣告无效、撤销或者确认不成立的，公司应当向公司登记机关申请撤销根据该决议已办理的登记。

### 参考法条

《公司法》第28条

## 要点提示

公司股东会决议、董事会决议是公司内部的决议行为，仅具有内部约束力，无法对抗外部的善意相对人。

# 第二章　公司登记

## 21 公司申请变更登记涉及公司章程修改等事项时，企业工会如何确保职工的合法权益得到充分保护？

公司申请变更登记特别是涉及修改公司章程等重大事项时，工会有权参与整个过程，以充分保障职工的合法权益。公司在拟定变更决议或修改章程草案时，应邀请工会代表参与讨论变更事项，并通过职工代表大会征集意见，听取工会的意见和建议，把工会和职工的建议纳入决策考量，确保职工的参与权和知情权。同时，公司应根据需要，制定详细的职工安置方案，保障职工的经济和福利权益。此外，工会应监督变更登记的执行情况，确保公司依法履行对职工的义务，如发现违规行为，应及时向有关部门报告，并提供法律咨询和援助。

### 参考法条

《公司法》第 35 条（本条为新增内容）

### 要点提示

公司变更登记事项涉及修改公司章程的，应当提交修改后的公司章程。涉及公司章程修改等重要事项时，必须履行法定程序，尤其是工会应充分发挥作用以保护职工合法权益。

## 22 公司因解散或破产终止时，如何确保职工的合法权益得到充分保护？

公司因解散、破产或其他法定事由终止时，应依法向公司登记机关申请注销登记。同时，应采取妥善措施充分保护职工的合法权益。例如，通过召开职工大会、发布公告或其他方式，及时通知全体职工，以保证其知情权；制定详细的职工安置方案，包括经济补偿、再就业服务和职业培训等内容，并经工会和职工代表的充分讨论和认可，以确保其合理性和可操作性；为职工办理社会保险和住房公积金的清算和转移手续等。在公司解散或破产过程中，工会应代表职工参与整个程序中，以确保职工在公司终止过程中能够得到合理的保护和安置。

### 参考法条

《公司法》第37条

### 要点提示

公司因解散、破产或其他法定事由终止时，必须向公司登记机关申请注销登记，公司依法终止能够保护各方权益，尤其是要采取妥善措施确保对职工合法权益的保护，预防法律纠纷的产生。

# 第三章　有限责任公司的设立和组织机构

## 23 有限责任公司设立协议的特点是什么？

有限责任公司设立协议有以下三个特点：一是非必需，即可以根据公司的情况决定是否订立；二是性质为内部约定，即设立时，股东之间签订的合同不能对抗善意第三人；三是协议的变更需当事人协商一致，即并非使用资本多数决的规则。

**参考法条**

《公司法》第 43 条（本条为新增内容）

**要点提示**

股东可以签订设立协议，明确各自在公司设立过程中的权利和义务，其中“可以”表达的是非强制要求，“在公司设立过程中”，明确了股东的权利义务时间点为公司设立过程中，公司设立后，则可以依据公司章程。

## 24 股东为设立公司从事民事活动的责任归属包括哪些?

股东为设立公司从事民事活动的责任归属包括以下四项:(1)有限责任公司设立时的股东为设立公司从事的民事活动,其法律后果由公司承受。(2)公司未成立的,设立时的股东为设立公司从事的民事活动法律后果由公司设立时的股东享有连带债权,承担连带债务。(3)股东存在过错,造成他人损害的,公司或者无过错的股东先承担赔偿责任后,可以再向有过错的股东追偿。(4)股东出于设立公司的目的而以自己的名义从事民事活动而产生的责任,第三人有选择权,可以请求该股东承担,也可以请求公司或者设立时的股东承担。

**参考法条**

《公司法》第 44 条(本条为新增内容)

**要点提示**

“连带债权”是指二人以上依法承担连带责任的,权利人有权请求部分或者全部连带责任人承担责任。“第三人有权选择请求公司或者公司设立时的股东承担”是指设立人为设立法人以自己的名义从事民事活动产生的民事责任,第三人有权选择请求法人或者设立人承担。

## 25 股东应当如何缴纳其认缴的出资额?

股东应当严格按照公司章程的规定，按照足额缴纳自己所认缴的出资额。有限责任公司的股东以实物、知识产权、土地使用权、股权、债权等非货币财产出资的，若公司股东未在规定时间内办理财产转移手续，交付该出资的股东必须以其他出资方式补缴其认缴的出资数额，股东会应当就股东以其他出资方式补缴其出资作出决议并相应修改公司章程。股东以非货币出资，未按照规定办理转移过户手续或者转移过户的出资未达到公司章程规定的注册资本数额的，属于虚假出资行为。股东未按期足额缴纳出资的，需承担两项义务：一是足额缴纳；二是对给公司造成的损失承担赔偿责任。

**参考法条**

《公司法》第 49 条

**要点提示**

《公司法》第 49 条较旧法增加了第 3 款，即出资违约责任，“股东未按照足额缴纳出资的，除应当向公司足额缴纳外，还应当对给公司造成的损失承担赔偿责任”。

## 26 董事会核查、催缴出资的义务与责任是指什么？

董事会核查、催缴出资的义务与责任是：（1）股东按期足额缴纳出资是股东的法定义务，也是保证公司资本充足的关键。（2）董事会具有新增出资情况核查、催缴义务。董事会是有限责任公司的执行机关，故法律规定由董事会对股东的出资情况进行核查，并催缴出资。（3）董事会未进行核查、核查不实或者未催缴出资，给公司造成损失的，由负有相关责任的董事承担赔偿责任。

**参考法条**

《公司法》第51条（本条为新增内容）

**要点提示**

董事会对股东出资的义务包括核查和催缴，如果未履行，给公司造成损失，负有责任的董事需要承担赔偿责任。

## 27 公司不能清偿到期债务的，已到期债权的债权人可以怎么做？

公司不能清偿到期债务的，已到期债权的债权人可以有如下做法：（1）要求已认缴出资但未届缴资期限的股东提前缴纳出资。（2）执行阶段申请追加上述股东为被执行人。

**参考法条**

《公司法》第 54 条（本条为新增内容）

**要点提示**

“到期债务”必须是已经到期的债务，不包括预期违约等情况。“提前缴纳出资”是指股东丧失认缴制下的期限利益，提前缴纳出资。《公司法》修订确立了股东出资的“加速到期”制度，以保护债权人的合法权益。

## 28 有限责任公司董事会中的审计委员会的作用是什么？

有限责任公司董事会中的审计委员会的作用是为了解决监事会“虚化”，无法发挥应有职能的问题。有限责任公司按照公司章程的规定设置审计委员会的，可以不设监事会或者监事，由审计委员会行使监事会的职权。

**参考法条**

《公司法》第 69 条（本条为新增内容）

**要点提示**

审计委员会履行监督职能的主体包括监事会、审计委员会（设置在董事会中）、监事（规模较小或者股东人数较少的有限责任公司）。

## 29 有限责任公司董事的任期是怎样规定的?

有限责任公司董事的任期由公司章程规定。公司可以在公司章程中规定董事的具体任期，但每届任期不得超过三年。董事任期届满，可以连选连任。其中，董事在两种情形下必须继续履行董事职责，直到改选出的董事就任：一是任期届满未及时改选；二是董事在任期内辞任导致董事会成员低于法定人数。

**参考法条**

《公司法》第 70 条

**要点提示**

董事辞任不需要理由，也不需要经过股东会同意，只要以书面形式通知公司即可，但董事任期内辞任导致董事会成员低于法定人数或董事任期届满未及时改选的除外。

## 30 有限责任公司股东会是否有权利解任董事?

有限责任公司股东会有权利解任董事。解任董事的方式：股东会决议，作出决议应当经代表过半数表决权的股东通过；解任董事的时间：作出即生效；解任的理由：无须理由，即决议不需要正当理由，更不需要以董事有过错为前提，但无正当理由，任期届满前解任的，该董事可要求公司予以赔偿。公司与董事之间的关系属于委托合同，参照委托合同的基本规则（《民法典》第 933 条第 1 句），当事人享有任意解除权，因此公司可以任意解除其与董事的委托合同，但要承担相应的赔偿责任（《民法典》第 933 条第 2 句）。

**参考法条**

《公司法》第 71 条（本条为新增内容）

**要点提示**

选举和更换董事是股东会的重要职权之一，股东会可以通过股东会会议决议的方式解任董事。

## 31 有限责任公司监事会的信息获取权有哪些？

依据《公司法》第 80 条第 1 款的规定，监事会可以要求董事、高管提交执行职务的报告。有限责任公司监事会的信息获取权包括：（1）为了更好地保障监事会的监督权的实施，监事会可以要求董事、高级管理人员提交执行职务的报告。（2）董事和高级管理人员负有如实提供情况和资料的义务，不得妨碍监事会或者监事行使职权。监事会获得董事、高管执行职务的信息，是监事会有效监督董事、高管的前提和基础。

**参考法条**

《公司法》第 80 条

**要点提示**

监事会要求董事、高级管理人员提交执行职务的报告，仅限于提交与执行公司实务有关的报告，不包括个人事务。

## 32 有限责任公司监事会的设置是必要的吗？

有限责任公司监事会的设置不是必要的。

监事会是依照法律规定和公司章程规定，代表公司股东和职工对公司董事会、董事和经理依法履职情况进行监督的机构。监事会对股东会负责并报告工作。作为公司的重要机构，监事会的监督活动有利于防止董事会滥用权力，维护公司股东的利益，保护职工的合法权益。根据《公司法》的修订，从“可以设一至二名监事”改为“设一名监事”，行使监事会的职权。经全体股东一致同意，也可以不设监事会。

**参考法条**

《公司法》第83条

**要点提示**

经全体股东一致同意，可以不设监事会。“可以”的表述意味着非强制要求，可由股东会决议。“经全体股东一致同意，也可以不设监事”中的“一致同意”则表示不能有任何一名股东（不论表决权大小）反对。

# 第四章　有限责任公司的股权转让

## 33 有限责任公司的股权变动包括哪些类型?

有限责任公司的股权变动包括基于当事人意思发生的股权变动和非基于当事人意思发生的股权变动。

（1）基于当事人意思发生的股权变动（约定股权变动），如股权转让，股权抛弃等；股权转让经由当事人实施的处分行为而发生转让。

（2）非基于当事人意思发生的股权变动（法定股东变动），如继承、裁判等。股权变动在法律规定的时间点直接发生，无需办理股权变更登记。例如股东张三去世时，张三的继承人张四继承取得股权时，在继承开始时（张三死亡时），张四可直接获得股权。

基于当事人意思的股权转让又可以区分为内部转让和对外转让两种形式。

（1）内部转让是股东和股东之间的相互转让。依据《公司法》第 84 条的规定，有限责任公司的股东之间可以相互转让其全部或者部分股权。股东之间的转让完全自由，无需通知其他股东，其他股东也没有优先购买权。

（2）对外转让是指股东将其股权转让给公司外部的第三人。股东转让股权给第三人时，为维护公司内部的人合性，其他股东享有优先购买权。

**参考法条**

《公司法》第 84 条、第 85 条

**要点提示**

非基于当事人意思发生的股权变动的时间点是法律规定的时间点，无需办理股权变更登记。

## 34 股权转让合同和股权转让的区别是什么？

股权转让合同和股权转让的区别如下：

（1）股权转让合同是指转让人和受让人订立的股权买卖合同，在学理上属于负担行为，产生债权债务关系。该合同具有相对性，无法对抗第三人。股权转让是指股权由转让人转移到受让人，在学理上属于处分行为，直接发生股权变动的法律效果，该处分行为具有绝对效力。

（2）股权转让合同有效，并不意味着股权转让生效。股权转让行为系处分行为，需要满足处分行为的生效要件才能生效，比如特定的股权、处分意思表示合意、公示、处分权等要件。学理上，一般将办理股东名册作为股权转让的公示方法，并将其视为股权转让的生效要件，而将工商登记视为股权转让的对抗要件。

（3）股权转让未生效，也不意味着股权转让合同无效。依据《民法典》第577条的规定，股权转让合同系转让人与受让人之间订立的买卖合同，仅产生债权债务关系，如果转让人未能按照合同约定将股权转让给受让人，则受让人可基于股权转让合同向转让人主张违约责任。

**参考法条**

《公司法》第84条，《民法典》第577条

**要点提示**

股权转让合同系负担行为，产生债权债务关系，具有相对性；股权转让行为系处分行为，直接发生股权变动之法律效果。

## 35 有限责任公司股东将股权对外转让给第三人时，该如何处理？

有限责任公司股东向第三人转让股权时，其他股东享有同等条件下的优先购买权，即在同等的数量、价格、支付方式和期限等情况下享有优先购买权。优购权类似形成权，股东在接到股权对外转让的通知后，三十日之内未答复的，视为放弃优先购买权，意味着优先购买权消灭。如果两个以上股东都行使优先购买权，协商不成的，按照转让时各自的出资比例购买。

应当注意的是，公司章程可以就股权对外转让另行做出规定，如公司章程可规定其他股东不享有优先购买权或者其他股东按平等比例购买等。

**参考法条**

《公司法》第84条

**要点提示**

由于有限责任公司股东之间往往存在信赖关系，为维护有限责任公司内部的人合性，有限责任公司股东对外转让股权时，其他股东享有优先购买权。

## 36 有限责任公司股权对外转让时，其他股东依法主张优先购买权后的法律效果如何？

学理上，优先购买权属于形成权，其法律效力类似撤销权。有限公司股东向第三人转让股权时，首先需要明确区分股权转让合同（负担行为）和股权转让行为（处分行为）。其他股东主张优先购买权的，可参照撤销权处理。其他股东撤销的是转让股东与受让人转让股权的处分行为，而不是转让股东和受让人订立的股权转让合同。因此其他股东优先购买权的行使不影响转让股东与受让人订立的股权转让合同的效力。由于其他股东主张优先购买权，受让人无法获得股权的，受让人可以基于股权转让合同向转让股东主张相应的违约责任（《民法典》第577条）。

**参考法条**

《公司法》第84条,《民法典》第577条

**要点提示**

优先购买权的行使可以阻止股权对外转让给第三人，但不必然影响第三人向转让股东主张违约责任。

## 37 转让人还未取得股权时，再次转让给第三人的股权转让合同是否有效?

转让人还未取得股权，又将该股权转让给第三人的股权转让合同可以依法认定为有效。

首先，股权转让合同系负担行为，仅产生债权债务关系，而无法直接发生股权变动的效力。转让人虽然未取得股权，但其可与第三人订立转让该股权的股权转让合同，产生相应的债权债务关系，该合同可依法认定为有效。

其次，如果转让人取得股权，则转让人可按约定履行合同义务，实施股权转让的处分行为，办理股权转移手续。

最后，如果转让人未取得股权，无法按约履行合同义务，则转让人向第三人承担相应的违约责任。

总结而言，股权转让合同的效力与转让人是否享有股权并无直接关系。转让人未获得股权，导致股权转让合同无法履行，但不影响股权转让合同的效力。

### 参考法条

《公司法》第84条,《民法典》第577条

### 要点提示

股权转让合同的效力评价和股权转让合同的履行是两个层面的问题，股权转让合同无法履行，并不必然导致股权转让合同无效。

## 38 人民法院强制执行有限责任公司股权时的流程是什么?

依据《公司法》第85条的规定，人民法院依照法律规定的强制执行程序转让股东的股权时，应当通知公司及全体股东，其他股东在同等条件下有优先购买权。其他股东自人民法院通知之日起满二十日不行使优先购买权的，视为放弃优先购买权。

人民法院通过强制执行程序执行股东的股权不属于股东的自愿转让，属于强制转让。为了维护公司内部的人合性，尊重股东之间的信赖关系，人民法院在强制执行股东股权时，应当通知公司及全体股东，其他股东在同等条件下有优先购买权。优先购买权在学理上类似形成权，受到除斥期间的约束，其他股东在人民法院通知之日起二十日内不行使优先购买权的，视为放弃优先购买权，即优先购买权消灭。强制执行股权的优先购买权的除斥期间（二十日）比自愿转让时的除斥期间（三十

日）更短，这样可以更高效地完成强制执行程序。

**参考法条**

《公司法》第 85 条

**要点提示**

人民法院依照法定的强制执行程序转让股东股权的，其他股东在同等条件下享有优先购买权，但必须在人民法院通知之日起二十日内行使，否则优先购买权消灭。

## 39　股权受让人自何时起可以向公司主张股东权利?

依据《公司法》第 86 条第 2 款的规定，股权转让的，受让人自记载于股东名册时起可以向公司主张行使股东权利。

在学理上，一般将股东名册变更作为股权变动的生效要件，工商登记（市场监管局办理的相关登记）作为股权变动的对抗要件。股东名册记载可以发生股权变动之效果，股东可以基于股东名册的记载向公司主张股东权利，而工商登记通过公示来阻止第三人对股权的善意取得。因此股东转让股权的，应当书面通知公司，请求变更股东名册，同时可请求公司向公司登记机关办理变更登记。公司拒绝或者在合理期限内不予答复的，转让人、受让人可以依法向人民法院提起诉讼。

**参考法条**

《公司法》第 86 条（本条为新增内容）

**要点提示**

转让人和受让人订立的股权转让合同具有相对性，受让人自记载于股东名册后才可以对抗公司，并向公司主张股东权利。

## 40 股权转让后，股东如何承担出资瑕疵责任？

依据《公司法》第88条的规定，股权转让后，股东承担出资瑕疵责任的方式有以下两种：

（1）出资期限未届期。转让人转让已认缴出资但未届出资期限的股权的，由受让人承担缴纳该出资的义务；受让人未按期足额缴纳出资的，转让人对受让人未按期缴纳的出资承担补充责任。为确保出资义务得到履行，在受让人承担出资义务的基础上，转让人承担补充责任。

（2）出资期限已届期或出资不实。转让人未按照公司章程规定的出资日期缴纳出资或者作为出资的非货币财产的实际价额显著低于所认缴的出资额的股东转让股权的，转让人与受让人在出资不足的范围内承担连带责任；受让人不知道且不应当知道存在上述情形的，由转让人承担责任。出资期限已届期或出资不实的，由转让人承担出资责任，如果受让人系善意（不知道或不应当知道出资存在瑕疵），不承担出资责任。

**参考法条**

《公司法》第88条（本条为新增内容）

**要点提示**

出资期限未届期而转让股权的，受让人承继出资义务，承担出资责任，转让人承担补充责任。出资期限届期或出资不实的，恶意受让人与转让人在出资不足的范围内承担连带责任。

## 41 有限责任公司股东主张异议股权回购请求权的法定情形有哪些？

依据《公司法》第 89 条第 1 款的规定，有下列情形之一的，对股东会该项决议投反对票的股东可以请求公司按照合理的价格收购其股权：

（1）公司连续五年不向股东分配利润，而公司该五年连续盈利，并且符合本法规定的分配利润条件；

（2）公司合并、分立、转让主要财产；

（3）公司章程规定的营业期限届满或者章程规定的其他解散事由出现，股东会通过决议修改章程使公司存续。

由于股权回购请求权类似形成权，其受到除斥期间规则的限制，自股东会决议作出之日起六十日内，股东与公司不能达成股权收购协议的，股东可以自股东会决议作出之日起九十日内向人民法院提起诉讼，否则股东的股权回购权请求权无法得到法律保护。

应特别注意，有限公司的控股股东滥用股东权利，严重损害公司或者其他股东利益的，其他股东有权请求公司按照合理的价格收购其股权。这是《公司法》的新增内容，其目的是充分保护受害的小股东利益，让其有机会退出公司。

**参考法条**

《公司法》第 89 条

**要点提示**

与股份有限公司不同，有限责任公司的控股股东滥用股东权利，“压迫”小股东的，小股东可请求公司按照合理价格收购其股权，以此逃避控股股东的“迫害”。

## 42 自然人股东死亡后，股东资格是否可以继承？

依据《公司法》第 90 条的规定，自然人股东死亡后，其合法继承人可以继承股东资格；但是，公司章程另有规定的除外。

股东资格继承体现了有限责任公司的资合性，为了充分保护继承人的利益，允许继承人在继承开始时取得股东的权利。由于继承取得系法定取得股权，其他股东不享有优先购买权。但是为了维护公司内部的人合性，也允许公司章程规定继承人不能继承股东资格。因此股东资格继承规则属于任意性规范，允许公司通过公司章程排除股东资格的继承。还应当注意，有限责任公司由一个以上五十个以下股东出资设立，如果继承人人数众多，股东资格继承不能使有限责任公司的股东人数超过五十个。

### 参考法条

《公司法》第 90 条

### 要点提示

自然人股东死亡的，公司股东资格可以自动继承取得，但是公司章程另有规定的除外。

# 第五章 股份有限公司的设立和组织机构

## 43 设立股份有限公司的方式有哪些？

根据《公司法》第91条的规定，设立股份有限公司，可以采取发起设立或者募集设立的方式。发起设立，是指由发起人认购设立公司时应发行的全部股份而设立公司。募集设立，是指由发起人认购设立公司时应发行股份的一部分，其余股份向特定对象募集或者向社会公开募集而设立公司。

发起设立不向社会募集股份，由发起人认购全部股份即可设立公司。募集设立涉及向特定对象募集或社会公众募集股份，需要保护投资人的权益，因此相比发起设立，募集设立有更加严格的程序规则。

**参考法条**

《公司法》第91条

**要点提示**

募集设立股份有限公司应当注重对投资人权益的保护。

## 44 股份有限公司发起人出资不实的，其他发起人如何承担责任？

根据《公司法》第99条的规定，发起人不按照其认购的股份缴纳股款，或者作为出资的非货币财产的实际价额显著低于所认购的股份的，其他发起人与该发起人在出资不足的范围内承担连带责任。

发起人是指为设立公司而签署章程、向公司认购出资或股份并履行公司设立职责的人。发起人之间的关系类似合伙，发起人之间存在连带关系，对于设立阶段发起人的出资瑕疵，其他发起人应当承担连带责任。公司设立失败产生的债务，发起人须承担连带责任。

### 参考法条

《公司法》第99条、《最高人民法院关于适用〈中华人民共和国公司法〉若干问题的规定（三）》（以下简称《公司法解释三》）第4条

### 要点提示

发起人之间存在合伙关系，在公司设立阶段发起人出资存在瑕疵的，其他发起人须承担连带责任。因发起人出资瑕疵损害职工利益的，职工可依法向其他发起人主张连带责任。

## 45 股份有限公司股东名册应当记载的事项包括哪些?

依据《公司法》第 102 条的规定，股份有限公司应当制作股东名册并置备于公司。股东名册应当记载下列事项：股东的姓名或者名称及住所；各股东所认购的股份种类及股份数；发行纸面形式的股票的，股票的编号；各股东取得股份的日期。

股东名册是证明股东资格的重要凭证，股东可以基于股东名册向公司主张权利。学理上，将股东名册变更作为股权变动的生效要件。股东名册对确定股东资格，证明股权变动具有重要意义。

### 参考法条

《公司法》第 102 条

### 要点提示

股东名册在《公司法》中有重要的意义，股份有限公司应当制作股东名册。

## 46 认股人在何时可以抽回其股本?

根据《公司法》第 105 条第 2 款的规定，认股人缴纳股款或者交付非货币财产出资后，除未按期募足股份、发起人未按期召开成立大会或者成立大会决议不设立公司的情形外，不得抽回其股本。

股东出资构成公司的注册资本，认股人一般不能抽回股本。但是公司设立失败的，认股人可以抽回股本，以保护投资人权益。公司设立时应发行的股份未募足，或者发行股份的股款缴足后，发起人在三十日内未召开成立大会的，认股人请求抽回股本的，可以按照所缴股款并加算银行同期存款利息，要求发起人返还。

**参考法条**

《公司法》第 105 条

**要点提示**

在股份公司募集设立或募集增资时，认股人的权益应当得到充分保护，这也是保护投资人权益，推动金融市场有序发展的需要。

## 47　什么是累积投票制？

依据《公司法》第 117 条的规定，累积投票制是指股东会选举董事或者监事时，每一股份拥有与应选董事或者监事人数相同的表决权，股东拥有的表决权可以集中使用。股东会选举董事、监事，可以按照公司章程的规定或者股东会的决议，实行累积投票制。

累积投票不同于直接投票，其与直接投票的区别在于，一次投票选出多名董事或监事，股东的表决权累积使用。如某公司股东张三享有百分之六十的表决权，李四享有百分之四十的表决权，要选举两名董事。张三推荐的候选人是张四、张五。李四推荐的候选人是李六、李七。如果采取直接投票，一次选举一名董事，则张三在每次选举中都会胜出，张三推荐的候选人都能当选。但是如果采取累积投票，一次同时选举两名董事，张三和李四的表决权可以一次累积使用，相当于一共有二百个表决权，张三享有一百二十个表决权，李四享有八十个表决权。按照二百个表决权计算，当选董事需要最低票数是六十七票。如果李四将其享有的八十个的表决权都集中投给李六，则可以确保李六当选为公司董事。累积投票有助于保护中小股东的利益，削弱大股东对公司的控制。

**参考法条**

《公司法》第 117 条

**要点提示**

累积投票是任意性规范，而非强制性规范。

## 48 公司成立大会行使哪些职权?

根据《公司法》第 104 条的规定，公司成立大会行使下列职权：审议发起人关于公司筹办情况的报告；通过公司章程；选举董事、监事；对公司的设立费用进行审核；对发起人非货币财产出资的作价进行审核；发生不可抗力或者经营条件发生重大变化直接影响公司设立的，可以作出不设立公司的决议。

成立大会的任务首先是创立公司，通过公司章程，组建公司董事会、监事会；同时还要对发起人的行为进行监督和审核，审议发起人关于公司筹办情况的报告，审核公司的设立费用，审核发起人非货币财产出资的作价。由于成立大会要对发起人的行为进行监督和审核，因此成立大会作出决议，应当经出席会议的认股人所持表决权过半数通过，发起人不能参与表决。

**参考法条**

《公司法》第 104 条

**要点提示**

公司成立大会的职权主要涉及两方面：其一，创立公司；其二，监督审核发起人。

## 49 股份有限公司股东可以查阅、复制哪些公司资料？

依据《公司法》第 110 条第 1 款的规定，股东有权查阅、复制公司章程、股东名册、股东会会议记录、董事会会议决议、监事会会议决议、财务会计报告。

股东知情权是股东的重要权利，也是股东行使其他相关权益的基础。以知情权为基础，股东还可以对公司的经营提出建议或者质询。同时也要防止股东滥用知情权，泄露公司的商业秘密。连续一百八十日以上单独或者合计持有公司百分之三以上股份的股东可依法要求查阅公司的会计账簿、会计凭证，公司章程对持股比例有较低规定的，从其规定。

同时股东可以依法要求查阅、复制公司全资子公司的公司章程、股东名册、股东会会议记录、董事会会议决议、监事会会议决议、财务会计报告。连续一百八十日以上单独或者合计持有公司百分之三以上股份的股东还可依法要求查阅全资子公司的会计账簿、会计凭证。

上市公司股东查阅、复制相关材料的，应当遵守《证券法》等法律、行政法规的规定。

**参考法条**

《公司法》第110条

**要点提示**

股东不仅可以依法查阅公司的相关资料，还可以依法查阅公司的全资子公司的相关资料。

## 50 股份有限公司的哪些事项应当经出席会议的股东所持表决权的三分之二以上通过？

根据《公司法》第116条第3款的规定，股东会作出修改公司章程、增加或者减少注册资本的决议，以及公司合并、分立、解散或者变更公司形式的决议，应当经出席会议的股东所持表决权的三分之二以上通过。

股份有限公司中，应当经出席会议的股东所持表决权的三分之二以上通过的事项，也被称为“特别多数决事项”，这些事项包括修改公司章程、增资减资、合并分立、解散、变更公司形式（有限责任公司变更为股份有限公司；股份有限公司变更为有限责任公司）。这些“特别多数决事项”对公司经营管理影响极大，甚至涉及公司人格的消亡。这些事项与职工利益也息息相关，对属于公司经营中的重大问题，职工依法享有提出意见和建议的权利。

**参考法条**

《公司法》第 116 条

**要点提示**

增减资改章程、合分散改形式，应当经出席会议的股东所持表决权的三分之二以上通过，涉及公司经营方面的重大问题时，应当听取职工的意见和建议。

## 51 公司董事会成员中的职工代表是否可以成为审计委员会成员？

根据《公司法》第 121 条第 2 款的规定，公司董事会成员中的职工代表可以成为审计委员会成员。

审计委员会属于公司董事会内设的监督机构，其在某种程度上发挥监事会的监督职能。审计委员会源自英美公司法，其主要职责包括审计财务报告、监督财务管理、合规审核和风险控制等。

股份有限公司可以按照公司章程的规定在董事会中设置由董事组成的审计委员会，行使本法规定的监事会的职权，不设监事会或者监事。审计委员会应保证其中立性和独立性。审计委员会成员为三名以上，过半数成员不得在公司担任除董事以外的其他职务，且不得与公司存在任何可能影响其独立客观判断的关系。职工担任审计委员会委员，能积极推进职工参与公司民主管理，充分实现职工对企业经营管理活动的监督权。

审计委员会作出决议，应当经审计委员会成员的过半数通过。审计委员会决议的表决，应当一人一票。审计委员会的议事方式和表决程序由公司章程规定。公司还可以按照公司章程的规定在董事会中设置其他委员会。

**参考法条**

《公司法》第 121 条（本条为新增内容）

**要点提示**

职工董事可以成为审计委员会成员，这可以更好地实现职工对公司经营管理的监督。

## 52 上市公司在一年内购买、出售重大资产或者向他人提供担保的金额超过公司资产总额的百分之三十的，公司如何决议？

根据《公司法》第 135 条的规定，上市公司在一年内购买、出售重大资产或者向他人提供担保的金额超过公司资产总额百分之三十的，应当由股东会作出决议，并经出席会议的股东所持表决权的三分之二以上通过。

上市公司在一年购买、出售重大资产或者向他人提供担保超过公司资产总额百分之三十的，意味着其涉及重大处分行为和负担行为。上市公司负担巨额债务或处分巨额财产都属于公司经营方面的重大问题，对公司影响巨大，同时也关涉职工利益，公司应当听取公司工会的意见，并通过职工代表大会或者其他形式听取职工的意见和建议（《公司法》第 17 条第 3 款）。

**参考法条**

《公司法》第 135 条

**要点提示**

上市公司的重大经营活动，应当依法听取公司工会的意见，并听取职工的意见和建议。

## 53 上市公司控股子公司是否可以取得上市公司的股份？

依据《公司法》第 141 条第 1 款的规定，上市公司控股子公司不得取得该上市公司的股份。

如果上市公司控股子公司取得上市公司的股份，属于子公司取得母公司股份，形成母子交叉持股的事实状态。一方面，交叉持股会造成公司注册资本虚增，影响债权人利益；另一方面，交叉持股造成上市公司丧失独立性和自主性，应避免控股子公司通过持有上市公司股份来操纵上市公司。同时交叉持股还会导致公司管理层控制公司，损害股东利益。为维持上市公司及其控股子公司之间的独立性，防止利益冲突和不正当控制，维护证券市场公平、公正的交易秩序，上市公司控股子公司不得取得该上市公司的股份。如甲上市公司的子公司是乙公司，乙公司不能取得甲公司的股份。上市公司控股子公司由于公司合并、质权行使等原因持有上市公司股份的，不得行使所持股份对应的表决权，并应当及时处分相关上市公司股份，以消除上市公司与其控股子公司之间交叉持股的情况。

**参考法条**

《公司法》第 141 条（本条为新增内容）

**要点提示**

上市公司控股子公司持有上市公司股份的，会导致上市公司受到不当控制，影响上市公司经营决策，进而损害上市公司和投资人的利益。应当依法禁止上市公司及其控股子公司的交叉持股。

# 第六章　股份有限公司的股份发行和转让

## 54　与普通股权利不同的类别股有哪些？

依据《公司法》第144条第1款的规定，公司可以按照公司章程的规定发行下列与普通股权利不同的类别股：

（1）优先或者劣后分配利润或者剩余财产的股份，即优先股和劣后股。与普通股相比，这类股份在权利上有优先性或劣后性。优先股可以优先分配公司利润或剩余财产，如公司清算时有剩余财产的，优先向优先股东分配。反之，劣后股则在普通股之后分配。

（2）每一股的表决权数多于或者少于普通股的股份。在表决权上，每一股的表决权多于或少于普通股的表决权，可以一股多表决权，也可以多股一表决权。差异化表决权，可以摆脱持股比例的限制，突破“一股一权”的框架，实现持股比例低的股东对公司的控制，但是对于监事或者审计委员会成员的选举和更换，类别股与普通股每一股的表决权数相同。

（3）转让须经公司同意等转让受限的股份。这是对转让做出限制的股份，该类股份的转让须经公司同意，即对股份的处分做出了限制。上市公司不得发行转让受限制的股份，但是公司上市前已经发行该股份的除外。

（4）国务院规定的其他类别股。国务院可以对其他类别股另行做出规定，这为其他类型的类别股提供了法律空间。

**参考法条**

《公司法》第144条（本条为新增内容）

**要点提示**

选举或更换监事或者审计委员会成员时，类别股与普通股每一股的表决权数相同，实行"一股一权"的规则，不实行"一股多权"或"多股一权"的规则。

## 55 招股说明书除了附有公司章程，还应当载明哪些事项？

依据《公司法》第154条的规定，公司向社会公开募集股份，应当经国务院证券监督管理机构注册，公告招股说明书。招股说明书应当附有公司章程，并载明下列事项：

（1）发行的股份总数；

（2）面额股的票面金额和发行价格或者无面额股的发行价格；

（3）募集资金的用途；

（4）认股人的权利和义务；

（5）股份种类及其权利和义务；

（6）本次募股的起止日期及逾期未募足时认股人可以撤回所认股份的说明。

公司设立时发行股份的，还应当载明发起人认购的股份数。

这些应当载明的事项明确了认股人的权利和义务、股份总数和类型、股份的面额或无面额股的发行价格、募集资金的用途、募股期间以及认股人撤回所认股份的情形，其对认股人发挥了告知和说明功能，便于认股人了解股份和公司的情况，谨慎作出认股决定。

**参考法条**

《公司法》第 154 条

**要点提示**

认股人的权益保护是公司募集股份规则的主要规范之一，募集股份的程序应当公开、公平、公正，充分向认股人告知各种相关信息和风险。

## 56 股份有限公司股份转让的限制有哪些？

股份有限公司股份转让有以下两方面的限制：

（1）对公司公开股份前已经发行之股份的限制。公司公开发行股份前已发行的股份，自公司股票在证券交易所上市交易之日起一年内不得转让。法律、行政法规或者国务院证券监督管理机构对上市公司的股东、实际控制人转让其所持有的本公司股份另有规定的，从其规定。

（2）对公司董事、监事、高管持股的限制。①公司董事、监事、高管应当向公司申报所持有的本公司的股份及其变动情况，在就任时确定的任职期间每年转让的股份不得超过其所持有本公司股份总数的百分之二十五。②公司董事、监事、高管所持本公司股份自公司股票上市交易之日起一年内不得转让。③公司董事、监事、高管离职后半年内，不得转让其所持有的本公司股份。④公司章程可以对公司董事、监事、高管转让其所持有的本公司股份作出其他限制性规定。即公司章程在法定限制的基础上可以加重对公司董事、监事、高管转让股份的限制。如公司章程可规定，公司董事离职后三年内都不能转让其持有本公司的股份。

（3）对股权质权人的限制。股份在法律、行政法规规定的限制转让期限内出质的，质权人不得在限制转让期限内行使质权。

**参考法条**

《公司法》第160条

**要点提示**

为防止内幕交易，对于掌握公司内幕信息的内幕人员，尤其对公司董事、监事和高级管理人员持有的公司股份，有严格的转让限制。

## 57 不上市的股份有限公司股东请求公司回购其股权的主要法定情形有哪些？

依据《公司法》第161条的规定，有下列情形之一的，对股东会该项决议投反对票的股东可以请求公司按照合理的价格回购其股份，公开发行股份的公司除外：

（1）公司连续五年不向股东分配利润，而公司该五年连续盈利，并且符合公司法规定的分配利润条件。股东投资公司目的在于分红，如果公司连续五年盈利，但连续五年不分红，异议股东享有股份回购请求权。

（2）公司转让主要财产。公司转让主要财产属于重大处分行为，甚至会改变公司的经营范围，这会影响股东的投资回报预期，异议股东享有股份回购请求权。

（3）公司章程规定的营业期限届满或者章程规定的其他解散事由出现，股东会通过决议修改章程使公司存续。公司经营期限延长，导致股东无法取回投资，损害股东信赖利益，加大投资风险，异议股东享有股份回购请求权。

股份回购请求权类似形成权，受到除斥期间的限制，自股东会决议作出之日起六十日内，股东与公司不能达成股份收购协议的，股东可以自股东会决议作出之日起九十日内向人民法院提起诉讼，否则回购请求权无法得到支持。为防止公司长期持有自己的股份，公司因异议股东主张回购权而收购的本公司股份，应当在六个月内依法转让或者注销。

**参考法条**

《公司法》第 161 条（本条为新增内容）

**要点提示**

异议股东股份回购请求权的行使导致股东取回投资，会严重影响公司注册资本安全和债权人的利益。因此，股份回购请求权有严格的前提条件，不能随意行使。

## 58 股份有限公司可以收购本公司股份的情形有哪些？

依据《公司法》第 162 条的规定，股份有限公司不得收购本公司股份。但是，有下列情形之一的除外：

（1）减少公司注册资本；

（2）与持有本公司股份的其他公司合并；

（3）将股份用于员工持股计划或者股权激励；

（4）股东因对股东会作出的公司合并、分立决议持异议，要求公司收购其股份；

（5）将股份用于转换公司发行的可转换为股票的公司债券；

（6）上市公司为维护公司价值及股东权益所必需。

上市公司收购本公司股份的，应当依照《证券法》的规定履行信息披露义务。股份有限公司不得接受本公司的股份作为质权的标的。如果允许股份有限公司接受本公司的股份作为质权的标的，则当债务人届期不能偿债时，股份有限公司就会拍卖自己的股份，这将诱发内幕交易，破坏证券交易的公开、公平原则。

**参考法条**

《公司法》第 162 条

**要点提示**

公司回购自己的股份往往涉及内幕交易，会损害证券交易的公平性，同时股份回购，会导致公司持有自己的股份，实质上会导致减少公司资本，损害债权人利益。因此《公司法》对股份回购有严格的限制。

## 59 公司是否可以为他人取得本公司的股份提供赠与、借款、担保或其他财务资助？

依据《公司法》第 163 条第 1 款的规定，公司不得为他人取得本公司或者其母公司的股份提供赠与、借款、担保以及其他财务资助，但是公司实施员工持股计划的除外。

如果公司为他人取得本公司的股份提供借款，意味着投资人以公司的资产再向公司投资，例如张三向甲股份有限公司投资 100 万元，但张三的 100 万元投资款由甲股份有限公司提供，从内部视角来看，损害公司利益；从外部视角来看，属于虚增资本，损害债权人利益。

为了公司利益，经股东会决议，或者董事会按照公司章程或者股东会的授权作出决议，公司可以为他人取得本公司或者其母公司的股份提供财务资助，但财务资助的累计总额不得超过已发行股本总额的百分之十，同时董事会作出决议应当经全体董事的三分之二以上通过。当财务资助是为了公司利益，且经过合法程序（经股东会或董事会决议同意）的，或公司实施职工持股计划的，公司可以为他人取得本公司股份提供财务资助。如果违反提供财务资助，给公司造成损失的，负有责任的董事、监事、高级管理人员应当承担赔偿责任。

**参考法条**

《公司法》第 163 条（本条为新增内容）

**要点提示**

公司以自己的资金或财产为他人取得本公司的股份提供财务资助会损害公司利益、虚增资本，同时会损害债权人利益，因此该财务资助行为有严格的限制。但是公司为实施职工持股计划的，可以提供财务资助。

# 第七章 国家出资公司组织机构的特别规定

## 60 履行出资人职责的机构可以授权国有独资公司董事会行使股东会的部分职权，但是国有独资公司的哪些事项应当由履行出资人职责的机构决定？

依据《公司法》第 172 条的规定，履行出资人职责的机构可以授权董事会行使股东会的部分职权，但公司章程的制定和修改，公司的合并、分立、解散、申请破产，增加或者减少注册资本，分配利润，应当由履行出资人职责的机构决定。

国有独资公司是指国家作为唯一的股东设立的有限责任公司或股份有限公司，其由国务院或地方人民政府授权本级人民政府国有资产监督管理机关或其他部门履行出资人职责。国有独资公司与国计民生息息相关，涉及国防、矿产资源、能源、通信、电力等国家命脉。国有独资公司不设股东会，由履行出资人职责的机构行使股东会职权。履行出资人职责的机构可以授权国有独资公司董事会行使股东会的部分职权，但是国有独资公司的重大事项，如修改公司章程、合并、分立、解散、申请破产、增减资、分红等，应当由履行出资人职责的机构决定，这些事项和职工利益紧密相关的，也要依法听取工会和职工的意见和建议。

**参考法条**

《公司法》第 172 条

**要点提示**

国有独资公司的重大事项应当由履行出资人职责的机构决定，同时应当依法听取工会和职工的意见和建议。

## 61 国有独资公司的董事会成员是否应当有职工代表?

依据《公司法》第 173 条第 2 款的规定，国有独资公司的董事会成员中，应当过半数为外部董事，并应当有公司职工代表。

董事会成员由履行出资人职责的机构委派，但是，董事会成员中的职工代表由公司职工代表大会选举产生。国有独资公司董事会应当有职工董事，表明了职工对国有独资公司经营管理的参与，体现了职工在国有企业中的主人翁地位。职工董事经过职工代表大会选举产生，而不是由履行出资人职责的机构委派。职工董事在国有独资公司中行使董事的相应职权，参与决定公司的日常经营管理事务。

**参考法条**

《公司法》第 173 条、第 230 条

**要点提示**

国有独资公司的董事会中应当有职工董事。

# 第八章　公司董事、监事、高级管理人员的资格和义务

## 62 哪些人员不得担任公司的董事、监事、高级管理人员？

依据《公司法》第178条的规定，有下列情形之一的，不得担任公司的董事、监事、高级管理人员：（1）无民事行为能力或者限制民事行为能力；（2）因贪污、贿赂、侵占财产、挪用财产或者破坏社会主义市场经济秩序，被判处刑罚，或者因犯罪被剥夺政治权利，执行期满未逾五年，被宣告缓刑的，自缓刑考验期满之日起未逾二年；（3）担任破产清算的公司、企业的董事或者厂长、经理，对该公司、企业的破产负有个人责任的，自该公司、企业破产清算完结之日起未逾三年；（4）担任因违法被吊销营业执照、责令关闭的公司、企业的法定代表人，并负有个人责任的，自该公司、企业被吊销营业执照、责令关闭之日起未逾三年；（5）个人因所负数额较大债务到期未清偿被人民法院列为失信被执行人。

董事、监事、高级管理人员是公司的管理层，为保证公司

选择适当的人担任管理职务，使公司利益最大化，必须满足一定要求才能够胜任、履职。《公司法》对其采用消极资格规定，分为行为能力欠缺、犯罪、破产责任、违法经营责任、失信被执行等方面。从公司治理来看，一方面，职工有权知晓他们的基本情况，对他们的任职资格进行全面详细的调查和监督，以免出现上述消极资格的情形。另一方面，职工董事、职工监事与一般董事、监事的任职要求一致，同样适用于上述规定。

**参考法条**

《公司法》第178条

**要点提示**

职工可以依法监督董事、监事、高级管理人员的任职资格，避免出现不符合任职要求的情形；职工董事、职工监事同样需要避免消极任职资格。

## 63 董事、监事、高级管理人员不得有哪些行为?

依据《公司法》第181条的规定，董事、监事、高级管理人员不得有下列行为：（1）侵占公司财产、挪用公司资金；（2）将公司资金以其个人名义或者以其他个人名义开立账户存储；（3）利用职权贿赂或者收受其他非法收入；（4）接受他人与公司交易的佣金归为己有；（5）擅自披露公司秘密；（6）违反对公司忠实义务的其他行为。

他们享有公司的经营管理权、监督权容易滥用权利、损害公司利益，因此，《公司法》严格规定了其基本职业操守和绝对禁止行为，否则构成违反忠实义务，将承担相应法律责任。职工董事、监事享有与其他董事、监事同等的权利，承担相应的义务，同样不得有以上这些行为。

**参考法条**

《公司法》第 181 条

**要点提示**

董事、监事、高级管理人员不得滥用职权，违反忠实义务，损害公司义务，这是底线，绝不可触碰。职工董事、监事同样不得有违反公司忠实义务的行为。

## 64 董事、监事、高级管理人员能否与本公司订立合同或者进行交易？

董事、监事、高级管理人员可以与本公司订立合同或者进行交易，但需要严格按照《公司法》第 182 条的规定，即应当就与订立合同或者进行交易有关的事项向董事会或者股东会报告，并按照公司章程的规定经董事会或者股东会决议通过。他们与本公司订立合同或者进行交易，属于自我交易，可以增加公司交易机会、节约交易成本，但由于交易双方存在利益冲突，很容易损害公司利益，进而损害职工利益。因此，《公司法》对其自我交易有着严格的限制和要求。同时,《公司法》规定，不仅他们本人与公司进行自我交易受到限制，其近亲属、本人或者其近亲属直接或者间接控制的企业以及与他们有其他关联关系的人，与公司订立合同或者进行交易，同样受到同等限制。

**参考法条**

《公司法》第 182 条

**要点提示**

董事、监事、高级管理人员直接或间接与本公司订立合同或者进行交易，应当符合一定条件和程序要求，以最大化减少不正当交易带来公司利益受损的可能性，避免间接对职工合法权益产生不利的影响。

## 65 董事、监事、高级管理人员可否利用职务便利为自己或者他人谋取属于公司的商业机会?

不可以，但有例外情形。依据《公司法》第 183 条的规定，例外情形包括:(1)向董事会或者股东会报告，并按照公司章程的规定经董事会或者股东会决议通过。(2)根据法律、行政法规或者公司章程的规定，公司不能利用该商业机会。

董事、监事、高级管理人员在公司经营管理中有较大权力，有机会为私利而篡夺公司商业机会，属于违反忠实义务的行为，一般情形下应当予以禁止，在例外情形下允许。第一种例外情形，他们履行了报告等正当程序，这意味着公司根据其信息披露，已经明确放弃商业机会，那么基于鼓励交易的原则，应当予以例外。第二种例外情形，依据法律、行政法规或公司章程，公司不能利用该商业机会，例如，公司没有利用该商业机会的经营资质（保险、银行、证券等），则董事、监事、高级管理人员可以正当地利用该商业机会。

**参考法条**

《公司法》第183条

**要点提示**

一般情况下，董事、监事、高级管理人员不得篡夺公司的商业机会，除非在履行报告等正当程序或公司不能利用的例外情形下，否则有违其忠实义务，有损公司利益。

## 66 董事、监事、高级管理人员可否自营或者为他人经营与其任职公司同类的业务？

不可以，董事、监事、高级管理人员原则上有竞业禁止的义务。这是他们忠实义务的基本要求，但这不是绝对性的。依据《公司法》第184条的规定，董事、监事、高级管理人员未向董事会或者股东会报告，并按照公司章程的规定经董事会或者股东会决议通过，不得自营或者为他人经营与其任职公司同类的业务。因此，他们要想兼职经营同类业务，须满足向董事会或者股东会报告、本人回避表决、公司决议通过等条件。

### 参考法条

《公司法》第 184 条

### 要点提示

董事、监事、高级管理人员的竞业禁止是为了保护公司商业利益不受侵害，但履行必要程序后，这也并不是完全绝对性的。

## 67 董事、监事、高级管理人员如果未能恰当履行职责，给公司造成损失，如何处理？

董事、监事、高级管理人员存在违反《公司法》所规定的忠实义务与勤勉义务的，则可以将其收入归入公司，同时对公司承担损害赔偿责任。依据《公司法》第 186 条的规定，董事、监事、高级管理人员违反本法第 181 条至第 184 条规定所得的收入应当归公司所有；第 188 条规定，董事、监事、高级管理人员执行职务违反法律、行政法规或者公司章程的规定，给公司造成损失的，应当承担赔偿责任。第一，他们如果在客观上实施了违反忠实义务的特定行为，比如侵占公司财产、挪用公司资金、违反同业竞争禁止义务、擅自披露公司秘密等，并从中获取了利益，则公司可以主张该部分利益归入公司。第二，他们如未勤勉尽责，执行职务未对公司最大利益尽到通常应有的合理注意，如未履行催缴义务、协助抽逃出资、违法分红等，导致公司利益受损，则公司可以向其主张损害赔偿责任。

**参考法条**

《公司法》第 186 条、第 188 条

**要点提示**

公司不仅可以主张归入权，还可以同时主张损害赔偿请求权。

## 68 股东会上，股东可以向董事、监事、高级管理人员询问有关情况吗？

可以。依据《公司法》第 187 条的规定，股东会上，股东有权就公司有关重大问题，向列席会议的董事、监事、高级管理人员提出问题，并要求答复。

股东质询权是股东知情权的重要组成部分，借此股东可以获取行权所需的必要信息，进一步了解公司状况，为股东参加股东会、行使表决权奠定基础。

**参考法条**

《公司法》第 187 条

**要点提示**

股东会召开之前，股东会要求行使质询权的，公司应及时通知董事、监事、高级管理人员列席会议，接受股东质询。股东质询及董事、监事、高级管理人员的答复应当记载在股东会

会议记录。

## 69 董事、监事、高级管理人员给公司造成损失，股东应当如何救济？

股东可以依法提起代位诉讼，请求董事、监事、高级管理人员向公司承担赔偿责任。依据《公司法》第 189 条的规定，有限责任公司的股东、股份有限公司连续一百八十日以上单独或者合计持有公司百分之一以上股份的股东，可以书面请求监事会向人民法院提起诉讼；监事有前条规定的情形的，前述股东可以书面请求董事会向人民法院提起诉讼。监事会或者董事会收到前款规定的股东书面请求后拒绝提起诉讼，或者自收到请求之日起三十日内未提起诉讼，或者情况紧急、不立即提起诉讼将会使公司利益受到难以弥补的损害的，前款规定的股东有权为公司利益以自己的名义直接向人民法院提起诉讼。

股东提起代位诉讼，需要履行一定的前置性程序。具体而言，即股东在提起代位诉讼之前，需要先以书面方式请求监事会或董事会提起诉讼，穷尽公司内部救济。这是因为公司监事会或董事会作为内部机关，更了解公司情况，由其代表公司起诉更为妥帖。另外，提起代位诉讼的股东需要满足一定条件，即起诉时是有限责任公司的股东或股份有限公司连续一百八十日以上单独或者合计持有公司百分之一以上股份的股东，以防止滥诉。

**参考法条**

《公司法》第 189 条

**要点提示**

董监高给公司造成损失时，股东可以在满足一定条件后提起代位诉讼，代表公司追究相关责任，以间接保护股东利益。但股东代位诉讼不得滥用，只有在公司怠于起诉时才能予以适用。

## 70 董事、高级管理人员如果损害了股东利益，该股东应如何救济？

股东可以直接向法院提起诉讼。依据《公司法》第 190 条的规定，董事、高级管理人员违反法律、行政法规或者公司章程的规定，损害股东利益的，股东可以向人民法院提起诉讼。例如，某公司股东会决议分红，但董事滥用职权故意不发放给某股东，股东个人分红权受到侵害，可以向法院提起诉讼，要求公司支付红利，维护自己的权益。再例如，董事、高管如果故意限制股东在股东会上投票，侵害其表决权；故意拒绝股东请求查阅股东会决议等资料、了解公司基本情况，侵害其知情权，这些情形，股东都可以向法院直接起诉，请求维权。

**参考法条**

《公司法》第 190 条

**要点提示**

股东直接诉讼与股东代位诉讼不同，是股东个人权益受侵害时，《公司法》直接赋予股东的救济手段，没有前置程序，胜诉利益归属于股东个人，无须经过公司同意，也无须事先告知公司。

**71 A 公司与 B 公司签订购销合同，A 公司发货后，迟迟不见回款，后经查，B 公司董事张三在执行职务时趁机侵吞了该笔购销款。现 B 公司经营困难，无力支付货款。请问 A 公司是否可以起诉张三？**

A 公司可以起诉张三，请求张三承担赔偿责任。依据《公司法》第 191 条的规定，董事、高级管理人员执行职务，给他人造成损害的，公司应当承担赔偿责任；董事、高级管理人员存在故意或者重大过失的，也应当承担赔偿责任。这是《公司法》新增条款，规定的是董事、高级管理人员对第三人责任。当享有公司控制权的董事、高级管理人员滥用职权损害债权人等第三人利益时，一般模式是公司向第三人承担责任，再由公司向有过错的董事、高级管理人员等追偿。但在公司财产不足以赔偿第三人时，如果第三人不能直接向有过错的董事、高级管理人员追偿，那么第三人的权益无从得到保障。因此，《公司法》新增该条款，赋予第三人直接向有过错的董事、高级管理人员索赔的权利。

## 参考法条

《公司法》第 191 条（本条为新增内容）

## 要点提示

面对董事、高级管理人员滥用职权而侵害自身利益时，第三人可以直接向公司背后的董事、高级管理人员追责。这给予了公司债权人在内的第三人有效的权利救济机制。董事、高级管理人员滥用职权损害职工利益的，职工可依法直接向他们主张损害赔偿。

# 第九章　公司债券

## 72 公司发行公司债券的，应当在公司债券持有人名册上载明哪些事项？

依据《公司法》第 198 条第 2 款的规定，发行公司债券的，应当在公司债券持有人名册上载明下列事项：（1）债券持有人的姓名或者名称及住所；（2）债券持有人取得债券的日期及债券的编号；（3）债券总额，债券的票面金额、利率、还本付息的期限和方式；（4）债券的发行日期。

为保护投资者的权益，公司发行公司债券应当置备公司债券持有人名册，而且应当在公司债券持有人名册上记载债券持有的相关信息，同时还应当记载债券权利的相关内容。一方面，明确债券持有人的权利范围，保障债券持有人的权利实现；另一方面便利债券的处分，包括转让或质押等。职工作为投资人持有公司债券的，其权益应当得到保护。工会不仅要维护职工的劳动权益，同时也要维护职工的民事权益和商事权益。

**参考法条**

《公司法》第 198 条

**要点提示**

职工持有公司债券的，享有债券持有人的相关权益，工会应当依法维护职工投资权益的实现。

## 73 公司债券受托管理人对公司债券持有人有哪些义务和责任？

依据《公司法》第 206 条的规定，债券受托管理人应当勤勉尽责，公正履行受托管理职责，不得损害债券持有人利益。受托管理人与债券持有人存在利益冲突可能损害债券持有人利益的，债券持有人会议可以决议变更债券受托管理人。债券受托管理人违反法律、行政法规或者债券持有人会议决议，损害债券持有人利益的，应当承担赔偿责任。

首先，公司债券受托管理人对债券持有人负担忠实义务和勤勉义务，应当公正履行受托管理职责，负担不损害债券持有人利益的不作为义务。其次，当受托管理人与债券持有人存在利益冲突（如受托管理人同时成为公司的投资对象），该利益冲突可能会损害债券持有人利益的，债券持有人会议可以依法决议更换受托管理人。最后，债券受托管理人违法或违反债券持有人会议决议，损害债券持有人利益的，应当向债券持有人承担损害赔偿责任。债券持有人可基于委托合同请求债券受托管理人承担违约损害赔偿责任，也可以基于侵权责任请求债券受托管理承担侵权损害赔偿责任。

**参考法条**

《公司法》第 206 条（本条为新增内容）

**要点提示**

当职工购买公司债券，成为债券持有人时，工会应当积极维护职工的合法权益。当债券受托管理人损害职工债券持有人利益的，工会可以支持职工向债券受托管理人依法主张权利。

# 第十章　公司财务、会计

## 74　什么是公司的公积金？

公司的公积金是指为了增强公司财产能力，扩大生产经营和预防意外亏损，保护债权人利益，依法从公司利润、资本收益或其他形式依法提取的一种款项。公积金制度有两个基本的制度目的：其一，保护债权人利益。《公司法》强制公司提取一定的款项作为公积金，能有效地增加公司的责任财产，防范市场变化和商业风险，可以更好地清偿公司债务，保护公司债权人利益，同时也保护了职工债权人利益。其二，便利公司扩大生产经营。当出现好的商业投资机会时，公司可以用公司的公积金迅速投资或转增资本，适应瞬息万变的市场状况。

按照公积金的来源不同，公积金可分为盈余公积金和资本公积金。盈余公积金来源于公司的盈利，而资本公积金与公司盈利无关，很多是源自股东投资而获得的溢价款。依据提取是否具有强制性的特点，公积金还可以分为法定公积金和任意公积金。法定公积金的来源和提取比例由《公司法》强行规定，而任意公积金的提取由公司股东会决议。《公司法》主要规制的对象是法定公积金。

**参考法条**

《公司法》第210条

**要点提示**

公积金对于公司、债权人具有重要意义和价值，与职工权益保护也息息相关。公司有丰厚的公积金，也有助于职工债权的充分实现。

## 75 公司如何提取法定盈余公积金?

依据《公司法》第210条第1款的规定，公司分配当年税后利润时，应当提取利润的百分之十列入公司法定公积金。公司法定公积金累计额为公司注册资本的百分之五十以上的，可以不再提取。

但应当注意的是，公司的法定公积金不足以弥补以前年度亏损的，应当先用当年利润弥补亏损，然后再提取法定盈余公积金。例如某公司本年利润是100万元，上年亏损20万元，则公司应当用本年利润减去上年亏损，得到80万元，再按照80万元的基数提取百分之十作为法定盈余公积金，即提取8万元法定盈余公积金。当然，如果公司法定公积金达到公司注册资本百分之五十以上的，可以不再提取法定盈余公积金，例如某公司注册资本为100万元，而其法定公积金达到50万元，则该公司可以不提取法定盈余公积金。

公司从税后利润中提取法定公积金后，经股东会决议，还可以从税后利润中提取任意公积金。公司弥补亏损和提取公积金后还有剩余税后利润的，有限责任公司按照股东实缴的出资比例分配利润，全体股东约定不按照出资比例分配利润的除外；股份有限公司按照股东所持有的股份比例分配利润，公司章程另有规定的除外。

**参考法条**

《公司法》第 210 条

**要点提示**

简而言之，公司税后利润分配的顺序是：补亏—提取法定公积金—提取任意公积金—分红。

## 76 公司违法向股东分红后，如何处理？

依据《公司法》第 211 条的规定，公司违反本法规定向股东分配利润的，股东应当将违反规定分配的利润退还公司；给公司造成损失的，股东及负有责任的董事、监事、高级管理人员应当承担赔偿责任。

依据《公司法解释三》第 12 条第 1 项的规定，公司没有盈利，却向股东分红，往往意味着一种变相的抽逃出资，该行为不仅会损害公司利益，还会严重损害公司债权人利益，同时不利于职工权益的保护。公司违法向股东分红，则股东获得的利润没有法律根据，股东应当基于不当得利返还规则（《民法典》第 122 条、第 985 条）向公司返还股份分红和相应的利息。同时，由于违法向股东分红，造成公司损失的，如股东进入破产程序，无法向公司足额返还所获得的利润的，股东以及对违法分红负有责任的董事、监事、高管应当承担相应的赔偿责任，以更好维护注册资本的安全，更好地保护公司利益和债权人利益。

**参考法条**

《公司法》第 211 条,《公司法解释三》第 12 条

**要点提示**

公司违法向股东分红，不仅损害公司利益，也会损害职工利益。如果股东通过虚假分红来抽逃出资，需要在抽逃出资的本息范围内对公司不能偿债的部分，向职工债权人承担补充责任。

## 77 公司资本公积金包括哪些?

依据《公司法》第 213 条的规定，公司以超过股票票面金额的发行价格发行股份所得的溢价款、发行无面额股所得股款未计入注册资本的金额以及国务院财政部门规定列入资本公积金的其他项目，应当列为公司资本公积金。

公司资本公积金是公司非营业活动所获得的收益，与公司盈余无关。顾名思义为资本性收益、非经营收益。经营收益是盈利公积金的来源。资本公积金的来源包括以下三方面：

（1）股票溢价款。公司发行股票时，超过股票面额的部分为溢价款，应当计入公司资本公积金。

（2）发行无面额股所得股款未计入注册资本的金额。公司采用无面额股的，应当将发行股份所得股款的二分之一以上计入注册资本，未计入注册资本的金额，应当列为公司资本公积金。

（3）国务院财政部门规定列入资本公积金的其他项目，包括接受捐赠、资产重估增值、股份公司发行新股时冻结申购资金期间的利息等。

**参考法条**

《公司法》第213条

**要点提示**

资本公积金不涉及盈余。因此，在弥补亏损时，应先用盈余公积金弥补，然后再按规定用资本公积金弥补。

## 78 公司的公积金用途有哪些？

依据《公司法》第214条第1款的规定，公司的公积金用于弥补公司的亏损、扩大公司生产经营或者转为增加公司注册资本。

公积金的目的在于增加公司财产，保护债权人利益，因此其用途有严格的限制。公积金主要在于弥补亏损，以更好地维持资本，保护债权人利益，但是公积金弥补公司亏损，应当先使用任意公积金和法定公积金；仍不能弥补的，才可以按照规定使用资本公积金。同时，法定公积金转为增加注册资本时，所留存的该项公积金不得少于转增前公司注册资本的百分之二十五，即公司不能将所有法定公积金都转增资本，应当留存原注册资本的百分之二十五的法定公积金，以形成对公司债权人的双重保护：注册资本 + 公积金。例如，公司注册资本为 100 万元，公司法定公积金也是 100 万元，公司将法定公积金转增资本时应当留存 25 万元，剩下的 75 万元转增注册资本。公积金还可以用于扩大公司生产经营规模，以加大公司的投资数量，更好地实现生产经营扩张。

除了上述用途，公积金不能用于其他用途，如不能用于回购股份。

**参考法条**

《公司法》第 214 条

**要点提示**

公积金的用途有严格的限制，如果公司违法使用公积金，损害公司利益和债权人利益的，应依法承担相应的法律责任。

# 第十一章　公司合并、分立、增资和减资

## 79 公司合并有哪些类型？

依据《公司法》第 218 条的规定，公司合并可以采取吸收合并或者新设合并。一个公司吸收其他公司为吸收合并，被吸收的公司解散。两个以上公司合并设立一个新的公司为新设合并，合并各方解散。

公司合并是指不经清算，两个以上的公司直接合并为一个公司的法律事实。公司合并不同于公司股权收购，公司合并会导致公司人格消灭，而股权收购仅仅是股权买卖，不涉及公司人格的变化。

公司合并虽然不需要经过清算，但是公司合并有内部程序和外部程序，内部程序保护股东利益，外部程序保护债权人利益。公司合并程序发挥了保护股东利益和债权人利益的效果。

**参考法条**

《公司法》第 218 条

**要点提示**

公司合并不用于股权收购，公司合并会导致公司人格消灭，

吸收合并的，被吸收的公司人格消灭；新设合并的，合并前的公司人格消灭，设立一个新公司。

## 80 公司如何实施合并?

依据《公司法》第220条的规定，公司合并，应当由合并各方签订合并协议，并编制资产负债表及财产清单。公司应当自作出合并决议之日起十日内通知债权人，并于三十日内在报纸上或者国家企业信用信息公示系统公告。债权人自接到通知之日起三十日内，未接到通知的自公告之日起四十五日内，可以要求公司清偿债务或者提供相应的担保。

公司合并有两大程序：内部程序和外部程序。

（1）内部程序。公司合并一般须经股东会特别多数决（表决权三分之二以上通过），投反对票的股东享有异议股东股份回购请求权（《公司法》第89条第1款第2项、第162条第1款第4项）。公司合并，应当由合并各方签订合并协议，并编制资产负债表及财产清单。

（2）外部程序。公司合并须通知公告债权人，公司应当自作出合并决议之日起十日内通知债权人，并于三十日内在报纸上或者国家企业信用信息公示系统公告。债权人可要求公司清偿债务或提供担保。因此，公司合并时，职工债权人可依法要求公司清偿债务或提供担保。

**参考法条**

《公司法》第 220 条

**要点提示**

公司合并时应当保护职工利益，拖欠职工工资的，职工可请求公司清偿债务或提供担保。

## 81　简易合并的类型有哪些？

依据《公司法》第 219 条的规定，公司与其持股百分之九十以上的公司合并，被合并的公司不需经股东会决议。公司合并支付的价款不超过本公司净资产百分之十的，可以不经股东会决议；但是，公司章程另有规定的除外。

简易合并是指无须经过股东会决议，仅仅通过董事会决议即可完成合并内部程序的合并。简易合并主要包括两类，其一，母子公司的合并，即公司与其持股百分之九十以上的公司（子公司）合并，其二，小规模合并，即公司合并支付的价款不超过本公司净资产百分之十的。

但是应当注意的是，简易合并依然应当通知其他股东，其他股东有权请求公司按照合理的价格收购其股权或者股份。公司简易合并虽然不经股东会决议，但是应当经董事会决议，同时在公司外部依然需要保护债权人利益。

**参考法条**

《公司法》第219条

**要点提示**

公司简易合并依然需要保护股东利益和债权人利益。

## 82 公司合并后的法律效果是什么？

依据《公司法》第221条的规定，公司合并时，合并各方的债权、债务，应当由合并后存续的公司或者新设的公司承继。

公司合并的，合并各方的债权债务由合并后的公司承继。吸收合并的，被吸收合并的公司人格消灭，其债权债务由吸收的公司承继，如甲公司吸收合并乙公司，乙公司的债权债务由甲公司承继。新设合并的，合并各方的债权债务由新设的公司承继，如甲公司和乙公司新设合并为丙公司，甲公司和乙公司的债权债务由丙公司承继。由于合并涉及债务的转移，因此会对债权人利益造成影响，因此债权人有权要求合并各方清偿债务或提供担保。

**参考法条**

《公司法》第221条

**要点提示**

公司合并导致合并各方的债务发生转移，会影响公司债权人利益，包括职工利益，债权人可请求公司清偿债务或提供担保。

## 83 公司如何实施分立?

依据《公司法》第222条的规定，公司分立，其财产作相应的分割。公司分立，应当编制资产负债表及财产清单。公司应当自作出分立决议之日起十日内通知债权人，并于三十日内在报纸上或者国家企业信用信息公示系统公告。

公司分立是指不经过清算，一个公司分立为两个以上的公司。公司分立包括派生分立和新设分立。派生分立是指一个公司分出新的公司，原公司人格存续。如甲公司将其营业部分出，成立独立的乙公司，甲公司人格依然存续。新设分立是指一个公司拆分为两个以上的新公司，原公司人格消灭。如甲公司拆分为乙公司和丙公司后，甲公司人格消灭。公司分立不同于股权投资。公司分立会导致公司人格的消灭或产生，而股权投资或股权收购仅仅是股权买卖交易，不涉及公司人格的变化。

公司分立的实施程序包括内部程序和外部程序。

（1）内部程序。公司合并须经股东会特别多数决（表决权三分之二以上通过），投反对票的股东享有异议股东股份回购请求权（《公司法》第89条第1款第2项、第162条第1款第4项）。公司分立，其财产作相应的分割。公司分立在内部应当保护股东利益。

（2）外部程序。公司分立应当通知债权人，公司应当自作出分立决议之日起十日内通知债权人，并于三十日内在报纸上或者国家企业信用信息公示系统公告，便于债权人向分立后的公司主张权利。

**参考法条**

《公司法》第 222 条

**要点提示**

公司分立不仅要考虑股东利益，而且还要保护债权人利益，应当通知债权人，包括职工债权人。

## 84 公司分立后的法律效果是什么？

依据《公司法》第 223 条的规定，公司分立前的债务由分立后的公司承担连带责任。但是，公司在分立前与债权人就债务清偿达成的书面协议另有约定的除外。

公司分立后，分立后的公司之间存在连带关系，对分立前的债务承担连带责任，对分立前的债权享有连带债权。依据《民法典》第 67 条第 2 款的规定，法人分立的，其权利和义务由分立后的法人享有连带债权，承担连带债务，但是债权人和债务人另有约定的除外。如公司拖欠职工工资未支付，公司分立的，职工可向分立后的公司主张连带责任。

如果分立后的公司在内部约定的债务承担规则，该约定有效，但其仅仅具有内部效力，不能对抗第三人。如甲公司分立为乙公司和丙公司。乙公司和丙公司约定，乙负担债务，丙享有债权，该约定是有效的，但其仅仅在乙丙内部发生约束力（合同具有相对性），对外部债权人而言，乙和丙仍须对债权人承担连带责任。

**参考法条**

《公司法》第223条，《民法典》第67条

**要点提示**

公司分立的，职工债权人可向分立后的公司主张连带责任。

## 85 公司如何实施减资？

依据《公司法》第224条的规定，公司减少注册资本，应当编制资产负债表及财产清单。公司减少注册资本，应当按照股东出资或者持有股份的比例相应减少出资额或者股份，法律另有规定、有限责任公司全体股东另有约定或者股份有限公司章程另有规定的除外。公司应当自股东会作出减少注册资本决议之日起十日内通知债权人，并于三十日内在报纸上或者国家企业信用信息公示系统公告。债权人自接到通知之日起三十日内，未接到通知的自公告之日起四十五日内，有权要求公司清偿债务或者提供相应的担保。

公司减资有内部程序和外部程序，内部程序保护股东利益，外部程序保护债权人利益，其程序规则与公司合并基本一致。

（1）内部程序。公司减少注册资本，应当编制资产负债表

及财产清单。公司减资须经股东会特别多数决（表决权三分之二以上通过）。公司减少注册资本，应当按照股东出资或者持有股份的比例相应减少出资额或者股份，保护股东对公司控制权不受影响。

（2）外部程序。公司减资须通知公告债权人，债权人有权要求公司清偿债务或者提供相应的担保。

**参考法条**

《公司法》第224条

**要点提示**

公司减资时，职工债权人可以要求公司清偿债务或提供担保。

## 86 公司如何实施简易减资？

依据《公司法》第225条的规定，公司依法弥补亏损后，仍有亏损的，可以减少注册资本弥补亏损，自股东会作出减少注册资本决议之日起三十日内在报纸上或者国家企业信用信息公示系统公告。

公司简易减资程序一般在公司形式减资时适用。形式减资是指在公司亏损的情况下，形式上减少公司的注册资本，使其与公司实有资产保持一致。简易减资程序包括内部程序和外部程序。相比普通减资程序，简易减资程序只是在外部程序上删除了对债权人通知公告以及债权人请求担保或偿债的程序，但是并没有减弱对债权人的保护。

（1）内部程序。公司减少注册资本，应当编制资产负债表及财产清单。公司减资须经股东会特别多数决（表决权三分之二以上通过）。公司减少注册资本，应当按照股东出资或者持有股份的比例相应减少出资额或者股份，保护股东对公司控制权不受影响。

（2）外部程序。为保护债权人利益，简易减资的，公司不得向股东分配，也不得免除股东缴纳出资或者股款的义务。简易减资后，在法定公积金和任意公积金累计额达到公司注册资本百分之五十前，不得分配利润。

**参考法条**

《公司法》第 225 条（本条为新增内容）

**要点提示**

简易减资虽然删除了对债权人的通知公告程序和担保偿债程序，但是减资时不能分红，不能免除股东出资义务以及减资后的分红限制规则没有减弱对债权人的保护。公司不能滥用简易减资程序来损害职工利益。

## 87　公司违法减资的，如何处理？

依据《公司法》第 226 条的规定，公司违反本法规定减少注册资本的，股东应当退还其收到的资金，减免股东出资的应当恢复原状；给公司造成损失的，股东及负有责任的董事、监事、高级管理人员应当承担赔偿责任。

违法减资在内部会损害公司利益、在外部会损害公司债权人利益。股东因违法减资而收到的资金或财产属于无法律根据的不当得利，应当向公司返还，并应返还相应的利息。违法减免的股东出资应当认定无效，股东应当继续履行相应的出资义务。股东、董事、监事、高级管理人员对违法减资负有责任的，应当对公司承担损害赔偿责任。依据《公司法》第255条的规定，公司在减少注册资本时，不依照《公司法》的规定通知或者公告债权人的，由公司登记机关责令改正，对公司处以一万元以上十万元以下的罚款。

**参考法条**

《公司法》第226条（本条为新增内容）、第255条

**要点提示**

违法减资会涉及职工权益的保护，相关责任主体（公司、股东、董事、监事、高级管理人员）应当承担相应的法律责任（民事赔偿责任、行政责任）。

## 88 有限责任公司和股份有限公司增资时，股东是否都享有优先认购权？

依据《公司法》第 227 条的规定，有限责任公司增加注册资本时，股东在同等条件下有权优先按照实缴的出资比例认缴出资。但是，全体股东约定不按照出资比例优先认缴出资的除外。股份有限公司为增加注册资本发行新股时，股东不享有优先认购权，公司章程另有规定或者股东会决议决定股东享有优先认购权的除外。

有限责任公司增资时，股东享有优先认购权，全体股东约定不享有优先认购权的除外。有限公司一般股东人数较少，规模较小，具有高度的人合性，股东对公司控制与股东之间的信赖基础息息相关，赋予股东在公司增资时享有优先认购权，有助于维持各个股东之间的持股比例，保证股东对公司的控制权。如甲有限责任公司注册资本 10 万元，张三持股 6 万元（实缴出资 6 万元）。甲公司增资 90 万元，张三在实缴出资比例范围内享有优先认购权，即张三可优先认购 54 万元。优先认购后，张三持股达到 60 万元，依然可保持 60% 的出资比例。

股份有限公司增资时，股东不享有优先认购权，公司章程规定或股东会决议赋予股东优先认购权除外。股份公司股东人数众多，具有资合性，如果一律规定股东有优先认购权，会影响股份增资发行和流通，因此股份有限公司股东在公司增资时一般不享有优先认购权。

**参考法条**

《公司法》第227条

**要点提示**

有限责任公司增资时，股东享有优先认购权。股东可将该优先认购权对外转让给第三人。

# 第十二章　公司解散和清算

## 89　公司解散的法定原因有哪些?

根据《公司法》第229条的规定，公司因下列原因解散：（1）公司章程规定的营业期限届满或者公司章程规定的其他解散事由出现；（2）股东会决议解散；（3）因公司合并或者分立需要解散；（4）依法被吊销营业执照、责令关闭或者被撤销；（5）人民法院依照本法第231条的规定予以解散。公司出现前款规定的解散事由，应当在十日内将解散事由通过国家企业信用信息公示系统予以公示。

公司的解散既可以是公司内部通过一定的程序自愿作出，也可以是基于强制性解散事由由行政机关或法院作出。公司的解散并不意味着公司人格立即发生消灭，仅是丧失了经营上的权利能力，但其法人资格仍然存在。正如公司的成立需要有设立公司的准备行为一样，公司的终止也需要前置性的行为和程序，这里的前置性行为和程序就是公司的解散和清算。

**参考法条**

《公司法》第229条

## 要点提示

2023年修订的《公司法》对于公司的解散增加了程序性的条件限制，即应当在十日内将解散事由通过国家企业信用信息公示系统予以公示。

## 90 公司经营管理发生严重困难时如何实现公司的解散？

依据《公司法》第231条的规定，公司经营管理发生严重困难，继续存续会使股东利益受到重大损失，通过其他途径不能解决的，持有公司百分之十以上表决权的股东，可以请求人民法院解散公司。这一条的立法目的在于解决公司僵局等内部纠纷问题。公司存续期间，在公司内部发生严重内部矛盾导致公司不能正常运作，继续存在会使股东利益受到严重损失的，此种现象称为公司僵局。这里规定了公司僵局的三个实体条件和一个解决公司僵局的程序条件。

公司僵局的三个实体条件是：（1）公司经营管理发生严重困难；（2）继续存续会使股东利益受到重大损失；（3）通过其他途径不能解决。对于僵局局面的打破可以通过解散的方式实现，那么启动解散程序的条件即持有公司百分之十以上表决权的股东请求人民法院解散公司。

## 参考法条

《公司法》第231条

## 要点提示

《公司法》第231条规定的解散公司应当是解决公司僵局的最后选择，如果能够通过其他途径解决这一僵局，相较于解散，公司能够继续存续应当是更优的选择。因此，法院在审理解散公司诉讼案件时，应当注重调解的进行。另外，这里的“持有公司百分之十以上表决权的股东”可以是股东单独持有，也可以是股东合计持有。

# 第十三章 外国公司的分支机构

## 91 外国公司在我国境内设立分支机构的程序规则是什么?

依据《公司法》第244条的规定，外国公司在中华人民共和国境内设立分支机构，应当向中国主管机关提出申请，并提交其公司章程、所属国的公司登记证书等有关文件，经批准后，向公司登记机关依法办理登记，领取营业执照。外国公司分支机构的审批办法由国务院另行规定。

外国公司在我国境内设立分支机构有严格的程序，第一步，应当向中国主管机关提出申请；第二步，提交公司章程、所属国的公司登记证书等文件，经批准后，向我国公司登记机关依法办理登记；第三步，领取营业执照。国务院另行规定外国分支机构的审批办法，规范外国公司设立分支机构的审批程序。一方面，要促进对外开放和商事交流，做好外商投资的服务；另一方面也要关注国家安全和民族利益，做好外国公司分支机构的监督和管理。在外国公司分支机构工作的职工，也可以依法设立工会，职工的合法权益应当得到保护。

**参考法条**

《公司法》第 244 条

**要点提示**

外国公司在我国境内设立分支机构有严格的程序规则。

## 92 外国公司在我国境内的分支机构是否具有法人资格?

依据《公司法》第 247 条第 1 款的规定，外国公司在中华人民共和国境内设立的分支机构不具有中国法人资格。依据《公司法》第 247 条第 2 款的规定，外国公司对其分支机构在中华人民共和国境内进行经营活动承担民事责任。

外国公司分支机构的设立有严格的法律规定和程序。外国公司在中华人民共和国境内设立分支机构，应当向中国主管机关提出申请，并提交其公司章程、所属国的公司登记证书等有关文件，经批准后，向公司登记机关依法办理登记，领取营业执照。外国公司分支机构的撤销也要依法进行清算。外国公司撤销其在中华人民共和国境内的分支机构时，应当依法清偿债务，依照公司清算程序的规定进行清算。未清偿债务之前，不得将其分支机构的财产转移至中华人民共和国境外。外国公司分支机构，在中华人民共和国境内从事业务活动，应当遵守中国的法律，不得损害中国的社会公共利益，其合法权益受中国法律保护。

**参考法条**

《公司法》第244、247、248、249条

**要点提示**

外国公司对其在我国境内设立的分支机构进行的经营活动承担民事责任。在外国公司分支机构工作的职工，其权益受到侵害的，可依法向其所属的外国公司主张权利。

# 第十四章　法律责任

## 93　如何理解公司发起人、股东虚假出资和抽逃出资的法律责任？

虚假出资，一般是指以实物、工业产权、非专利技术或者土地使用权出资的，在评估作价时，故意高估或者低估作价，然后再作为出资的行为。实践中常见的是对个人或非国有资产高估作价，而对国有资产低估作价，从而谋取非法利益。

抽逃出资，一般是指公司成立之后又抽逃其出资，这包括两种情况：一种是为达设立公司的目的，公司发起人通过向其他企业借款或者向银行贷款等手段取得资金作为自己的出资，待公司登记成立后，又抽回这些资金；另一种是在公司设立时，依法缴纳了自己的出资，但当公司成立后，又将其出资撤回。实践中应注意将转让出资与抽逃出资予以区别，公司发起人、股东在公司成立后如需收回或减少自己的资本，可以依照法律规定采取转让出资或适当减少注册资本的方式，这与抽逃出资的行为是根本不同的。

公司的发起人、股东涉嫌虚假出资或者抽逃出资的，视情节严重程度，由公司登记机关责令改正，并处以罚款；达到刑事立案标准的，应当追究刑事责任。

**参考法条**

《公司法》第252、253条

**要点提示**

股东虚假出资、抽逃出资承担的法律责任可以包括民事责任、行政责任和刑事责任。

## 94 依据公司法，公司股东虚假出资，如何承担法律责任？

依据《公司法》第252条的规定，公司股东虚假出资，未交付或者未按期交付作为出资的货币或者非货币财产的，由公司登记机关责令改正，可以处以五万元以上二十万元以下的罚款；情节严重的，处以虚假出资或者未出资金额百分之五以上百分之十五以下的罚款；对直接负责的主管人员和其他直接责任人员处以一万元以上十万元以下的罚款。

股东虚假出资，在内部会损害公司利益、股东利益，在外部会损害债权人利益，直接涉及职工利益。股东虚假出资导致公司无法支付职工工资的，职工可向虚假出资的股东主张权利，请求其在虚假出资的本息范围内对公司不能偿债的部分承担补充责任，还可依法请求发起人承担连带责任。

**参考法条**

《公司法》第252条,《公司法解释三》第13条

**要点提示**

股东虚假出资会损害职工利益,职工可以依法向虚假出资的股东主张权利。

## 95 依据公司法,公司股东抽逃出资的,如何承担法律责任?

依据《公司法》第253条的规定,公司的发起人、股东在公司成立后,抽逃其出资的,由公司登记机关责令改正,处以所抽逃出资金额百分之五以上百分之十五以下的罚款;对直接负责的主管人员和其他直接责任人员处以三万元以上三十万元以下的罚款。

股东抽逃出资,在内部损害公司利益、股东利益,在外部损害债权人利益,直接影响到职工利益。股东抽逃出资导致职工对公司的债权无法实现的,职工可依法向抽逃出资的股东主张权利,请求其在抽逃出资的本息范围内对公司不能偿债的部分承担补充责任,同时请求协助抽逃者(董事、高管、实际控制人)承担连带责任。

**参考法条**

《公司法》第253条,《公司法解释三》第14条

**要点提示**

股东抽逃出资会损害职工利益，职工可依法向抽逃出资的股东以及协助抽逃出资者主张权利。

## 96 在公司清算过程中，公司会承担哪些法律责任？

公司清算，是指公司出现法定解散事由或者公司章程所规定的解散事由以后，依法清理公司的债权债务的行为。依据《公司法》第255条的规定，公司在合并、分立、减少注册资本或者进行清算时，不依照本法规定通知或者公告债权人的，由公司登记机关责令改正，对公司处以一万元以上十万元以下的罚款。依据《公司法》第256条的规定，公司在进行清算时，隐匿财产，对资产负债表或者财产清单作虚假记载，或者在未清偿债务前分配公司财产的，由公司登记机关责令改正，对公司处以隐匿财产或者未清偿债务前分配公司财产金额百分之五以上百分之十以下的罚款；对直接负责的主管人员和其他直接责任人员处以一万元以上十万元以下的罚款。

《公司法》对上述法律责任的规定，目的在于使公司及其直接负责的主管人员和其他直接责任人员能遵循《公司法》的有关规定，履行诚信义务，正确处理公司财产。

**参考法条**

《公司法》第255条、256条

**要点提示**

公司清算制度与职工权益密切相关，无论是非破产清算，还是破产清算，都会关涉职工的工资和医疗、伤残补助、抚恤费用的实现。

## 97 公司在合并、分立、减少注册资本或者进行清算时，不依法通知或者公告债权人的，如何处理？

依据《公司法》第255条的规定，公司在合并、分立、减少注册资本或者进行清算时，不依法规定通知或者公告债权人的，由公司登记机关责令改正，对公司处以一万元以上十万元以下的罚款。

公司合并、分立、减资以及清算直接涉及公司债权人利益，职工作为公司重要的债权人，公司合并、分立、减资以及清算事项应当依法对职工通知或公告。如果公司拖欠职工工资未支付，公司合并或减资时，职工可以依法请公司偿债或提供担保（《公司法》第220条、第224条第2款）；公司分立的，职工可请求分立后的公司承担连带责任（《公司法》第223条）。

**参考法条**

《公司法》第255条

**要点提示**

公司合并、分立、减少注册资本或者进行清算与职工利益息息相关，职工享有公司法上债权人的相应权益。工会应当高度重视保护职工的债权人地位，积极帮助和支持职工债权的实现。

## 98 公司在进行清算时，隐匿财产，对资产负债表或者财产清单作虚假记载，或者在未清偿债务前分配公司财产的，如何处理？

依据《公司法》第 256 条的规定，公司在进行清算时，隐匿财产，对资产负债表或者财产清单作虚假记载，或者在未清偿债务前分配公司财产的，由公司登记机关责令改正，对公司处以隐匿财产或者未清偿债务前分配公司财产金额百分之五以上百分之十以下的罚款；对直接负责的主管人员和其他直接责任人员处以一万元以上十万元以下的罚款。

公司在未清偿债务前就向股东分配公司财产的，会涉及职工利益，直接影响职工债权的实现，职工可依法向清算义务人或清算组成员主张权利。清算组成员因故意或者重大过失给职工债权人造成损失的，应当承担赔偿责任，清算义务人未及时履行清算义务，给职工债权人造成损失的，应当承担赔偿责任（《公司法》第 232 条第 3 款）。

**参考法条**

《公司法》第 256 条

**要点提示**

清算义务人、清算组成员违法清算，损害职工利益的，应当依法承担相应的赔偿责任。

## 99 承担资产评估、验资或者验证的机构因其出具的评估结果、验资或者验证证明不实，给公司债权人造成损失的，如何承担责任？

依据《公司法》第 257 条第 2 款的规定，承担资产评估、验资或者验证的机构因其出具的评估结果、验资或者验证证明不实，给公司债权人造成损失的，除能够证明自己没有过错的外，在其评估或者证明不实的金额范围内承担赔偿责任。

验资机构验资不实，会涉及职工利益，影响职工债权的实现。如果因验资机构验资不实，导致职工债权无法得到实现，验资机构不能证明自己没有过错，职工可在验资不实的范围请求验资机构承担赔偿责任。

**参考法条**

《公司法》第 257 条

**要点提示**

工会应高度重视职工债权的保护，因验资机构验资不实，导致职工利益受到损害的，职工可依法向验资机构主张权利。

# 第十五章 附 则

## 100 《公司法》中的高级管理人员包括哪些?

依据《公司法》第265条的规定，高级管理人员，是指公司的经理、副经理、财务负责人、上市公司董事会秘书和公司章程规定的其他人员。公司的高级管理人员，简称高管，其包括法定高管和章定高管。

法定高管不仅包括经理、副经理，还包括财务负责人。这里需要注意的是，财务会计、出纳不是高管，只有财务负责人（如财务总监）才是法定高管。法定高管还包括上市公司董事会秘书，这里需要注意，是上市公司董事会秘书，而不是董事秘书。章定高管是指公司章程规定的其他高管人员，其主体范围由公司章程规定，如可以包括法务总监、销售总监等。

高管对公司负有忠实义务和勤勉义务，受《公司法》的严格限制和约束，同时也受到其他法律的限制（如《破产法》规定，高管获得的非正常收入和侵占的财产应当依法予以追回、在破产清算时其工资按照职工平均工资计算等）。当公司高管损害职工权益的，职工可依法向高管主张权利。

## 参考法条

《公司法》第265条

## 要点提示

《公司法》中的高管包括法定高管和章定高管，公司职工也可以依法依章担任公司的高管。如果公司高管未尽到忠实义务或勤勉义务，损害了职工利益，职工可依法向高管主张损害赔偿。

## 101　《公司法》中的控股股东如何认定？

依据《公司法》第265条第2项的规定，控股股东，是指其出资额占有限责任公司资本总额超过百分之五十或者其持有的股份占股份有限公司股本总额超过百分之五十的股东；出资额或者持有股份的比例虽然低于百分之五十，但依其出资额或者持有的股份所享有的表决权已足以对股东会的决议产生重大影响的股东。

控股股东是指在公司股东中具有控股地位的股东。控股股东包括绝对控股股东和相对控股股东。绝对控股的股东是指出资额占有限公司注册资本总额超过百分之五十的或持有股份公司股份占股本总额（注册资本）超过百分之五十的股东。相对控股股东是指虽然不具有绝对控股地位，但是其出资额或持有的股份所享有的表决权足以对股东会决议产生重大影响的股东。

如对上市公司而言，由于股份高度分散，某股东虽然持股不足50%，依然可能对公司股东会的决议产生举足轻重的影响。

由于控股股东实质上控制着公司的经营管理决策，影响着公司内外部关系，因此当控股股东滥用其控股地位，实施损害职工利益之行为时，职工可依法向该控股股东主张权利。

**参考法条**

《公司法》第265条第2项

**要点提示**

《公司法》中的控股股东包括绝对控股股东和相对控股股东。公司的控股股东受到《公司法》的严格限制和约束，在公司经营管理乃至清算过程中，其对公司、小股东和债权人都负担诚信义务。如控股股东滥用其控制地位，损害职工利益的，应当依法承担法律责任。

## 102 《公司法》中的实际控制人有哪些？

依据《公司法》第265条第3项的规定，实际控制人是指通过投资关系、协议或者其他安排，能够实际支配公司行为的人。基于复杂的商事管理实践和多元投资交易现实，实际控制公司的人并非简简单单就是公司的控股股东。某些人可以通过投资关系、协议或其他安排实际控制公司。实际控制人可以是股东，也可以不是股东。

实际控制人的标准在于实际控制公司，而不是简单地通过表决权比例进行控制。实际控制人有三种获得控制权的形式：其一，投资关系。如实际控制人可以通过投资母公司来控制子公司，即通过控制母公司来控制子公司，形成对子公司的间接控制。其二，协议。实际控制人通过与公司签订协议控制公司的经营管理、销售渠道、进货渠道等来实际控制公司。其三，其他安排。实际控制人通过对公司董事、高管的任免控制或者通过与控股股东、管理层的亲属关系来实现对公司的控制。如甲公司控股股东张三的妻子李四通过控制控股股东张三来控制甲公司。为防止实际控制人滥用权利，损害公司利益、职工利益，《公司法》对实际控制人有严格的限制和约束。

**参考法条**

《公司法》第 265 条第 3 项

**要点提示**

实际控制人往往是损害公司利益、小股东利益、债权人利益和职工利益的始作俑者，其往往通过间接投资、协议或其他安排隐藏在幕后。因此，当实际控制人通过实质控制公司，损害职工利益的，职工可依法向实际控制人主张权利。

## 103 《公司法》中的关联关系如何判断？

依据《公司法》第 265 条第 4 项的规定，关联关系是指公司控股股东、实际控制人、董事、监事、高级管理人员与其直接或者间接控制的企业之间的关系，以及可能导致公司利益转移的其他关系。但是，国家控股的企业之间不仅因为同受国家控股而具有关联关系。

关联关系涉及的关联交易会对公司利益，股东利益乃至债权人利益产生重大影响，往往会损害公司利益和债权人利益。因此关联交易的界定非常重要。依据《公司法》第 265 条第 4 项的规定，关联交易可以分为两类，其一，控制关系。即公司控股股东、实际控制人、董事、监事、高级管理人员与其直接或者间接控制的企业之间的关系。在商事实践中，控制关系往往意味着存在利益关联，可能存在着利益输送，因此可以被认定为存在关联关系。其二，导致公司利益转移的其他关系。这是对关联关系认定的兜底性规定，即凡是导致公司利益转移的关系都可以依法认定为关联关系，如与公司控股股东、实际控制人存在亲属关系、朋友关系、乡缘关系等。但是应注意的是，国家控股的企业之间不仅因为同受国家控股而具有关联关系，国家控股企业及其履行出资人职责的机构都代表国家利益，为充分保护和实现国家利益，不能因其同受国家控股而认定其具有关联关系。

## 参考法条

《公司法》第 265 条第 4 项

## 要点提示

关联关系不仅包括控制关系，还包括导致公司利益转移的其他关系。公司控股股东、实际控制人、董事、监事、高管通过关联关系从事关联交易，损害职工利益的，职工可依法向实施不法关联交易的当事人主张权利。

# 第三部分

# 学习题库

## 一、单项选择题

1. 依据《公司法》的规定，公司股东会、董事会的决议内容违反法律、行政法规的（ ）。

A. 无效　　B. 有效

C. 效力待定　　D. 可撤销

2. 股东会作出分配利润的决议的，董事会应当在股东会决议作出之日起（ ）个月内进行分配。

A. 三　　B. 六

C. 九　　D. 十二

3. 外国公司违反本法规定，擅自在中华人民共和国境内设立分支机构的，由公司登记机关责令改正或者关闭，最高不超过（ ）元罚款。

A. 二十万　　B. 三十万

C. 四十万　　D. 五十万

4. 公司因依法解散后清算的，（ ）为公司清算义务人，应当在解散事由出现之日起十五日内组成清算组进行清算。

A. 股东　　B. 董事

C. 经理　　D. 工会主席

5. 公司解散后，以下（ ）不是清算组的职责。

A. 清理公司财产，编制资产负债表和财产清单

B. 通知债权人并公告

C. 继续公司的经营活动

D. 清偿公司债务

6. 根据《公司法》的规定，以下（ ）情况允许持有一定比例表决权的股东请求人民法院解散公司。

A. 公司年度利润未达到预期目标

B. 公司经营管理发生严重困难，继续存续会使股东利益受到重大损失，且无法通过其他途径解决

C. 公司违反了环保法规

D. 公司股东之间发生争议

7. 张三曾担任进行破产清算的某公司经理，对该公司的破产负有个人责任，后张三想再成立一家新的公司，下列说法正确的是（ ）。

A. 自前一公司破产清算完结之日起三年后才可以担任新公司的董事、监事、高级管理人员

B. 自前一公司破产清算完结之日起五年后才可以担任新公司的董事、监事、高级管理人员

C. 自前一公司破产清算完结之日起三年后才可以担任新公司的股东

D. 自前一公司破产清算完结之日起五年后才可以担任新公司的股东

8. 甲有限责任公司经理张某违反公司章程，将公司业务发包给不知情的乙公司，致使甲公司遭受损失。李四是甲公司股

东，甲公司设董事会和监事会。下列关于李四保护甲公司利益和股东整体利益的途径的表述中，符合《公司法》规定的是（ ）。

A. 李四可以书面请求甲公司监事会起诉张某

B. 李四可以书面请求甲公司董事会起诉张某

C. 李四可以书面请求甲公司监事会起诉乙公司

D. 李四可以书面请求甲公司董事会起诉乙公司

9. 王五是某股份有限公司董事，执行职务时，利用职务之便，多次以公司的财产为朋友提供担保，并获取好处费，则公司可以采取（ ）的措施维护自身的利益。

A. 将王五的违法所得收为公司所有

B. 持有公司百分之十股份的股东可以要求监事会提起诉讼

C. 如果监事会拒绝起诉且情况紧急，持有百分之十股份的股东可以自行起诉

D. 要求召开董事会解聘王五

10. 关于公司的营业执照，下列表述错误的是（ ）。

A. 公司营业执照签发日期为公司成立日期

B. 公司营业执照应当载明公司的名称、住所、注册资本、经营范围、法定代表人姓名等事项

C. 电子营业执照与纸质营业执照具有同等法律效力

D. 依法设立的公司，由民政行政机关发给公司营业执照

11. 关于股份有限公司作出决议，下列表述正确的是（ ）。

A. 股东会作出决议，应当经出席会议的股东所持表决权过半数通过

B. 股东会作出决议，应当经全体股东所持表决权过半数通过

C. 股东会作出决议，应当经出席会议的股东所持表决权三分之二以上通过

D. 股东会作出决议，应当经全体股东所持表决权三分之二以上通过

12. 公司采用无面额股的，应当将发行股份所得股款的（　）以上计入注册资本。

A. 全部　　B. 二分之一

C. 三分之一　　D. 四分之一

13. 公司章程或者股东会授权董事会决定发行新股的，董事会决议应当经全体董事（　）通过。

A. 一致　　B. 三分之二以上

C. 过半数　　D. 四分之一以上

14. 公司分配当年税后利润时，应当提取利润的（　）列入公司法定公积金。

A. 百分之十　　B. 百分之二十

C. 百分之三十　　D. 百分之四十

15. 公司与其持股（　）以上的公司合并，被合并的公司不需经股东会决议，但应当通知其他股东，应当经董事会决议。

A. 百分之九十　　B. 百分之八十

C. 百分之七十　　D. 百分之六十

16. 公司合并支付的价款不超过本公司净资产（　）的，可

以不经股东会决议，但是，公司章程另有规定的除外。

A. 百分之十　　B. 百分之二十

C. 百分之三十　　D. 百分之四十

17. 公司未依照《公司法》第40条的规定公示有关信息或者不如实公示有关信息的，由公司登记机关责令改正，可以处以（　）的罚款。

A. 一万元以上五万元以下

B. 一万元以上十万元以下

C. 五万元以上二十万元以下

D. 十五万元以上三十万元以下

18. 公司的发起人、股东在公司成立后，抽逃其出资的，由公司登记机关责令改正，处以所抽逃出资金额（　）的罚款。

A. 百分之五以上百分之十五以下

B. 百分之五以上百分之二十以下

C. 百分之十以上百分之十五以下

D. 百分之十五以上百分之二十以下

19. 公司在合并、分立、减少注册资本或者进行清算时，不依法规定通知或者公告债权人的，由公司登记机关责令改正，对公司处以（　）的罚款。

A. 一万元以上十万元以下

B. 二万元以上十万元以下

C. 五万元以上十万元以下

D. 一万元以上五万元以下

20. 承担资产评估、验资或者验证的机构因其出具的评估结果、验资或者验证证明不实，给公司债权人造成损失的，除能够证明自己没有过错的外，在其评估或者证明不实的金额范围内承担（　）。

A. 赔偿责任　　B. 补充责任

C. 连带责任　　D. 无过错责任

## 二、多项选择题

1. 有限责任公司股东的类型可以是（　）。

A. 自然人　　B. 法人

C. 国家　　D. 境外投资者

2. 有限责任公司丧失的股权有（　）的处理情形。

A. 依法转让

B. 减少注册资本并核销股权

C. 其他股东缴纳这部分出资

D. 无法转让

3. 在有限责任公司中，关于股东知情权的内容，股东有权查阅（　）。

A. 公司章程　　B. 股东名册

C. 股东会会议记录　　D. 财务会计报告

4. 股东会决议需要三分之二以上通过的情形包括（　）。

A. 修改公司章程

B. 增加或者减少注册资本

C. 公司合并、分立、解散、清算或者变更公司形式

D. 选举和更换董事、监事，决定有关董事、监事的报酬事项

5. 股东会作出决议，应当经代表过半数表决权的股东通过的情形包括（　）。

A. 审议批准董事会的报告

B. 审议批准监事会的报告

C. 审议批准公司的利润分配方案和弥补亏损方案

D. 对发行公司债券作出决议

6. 发行公司债券的，应当在公司债券持有人名册上载明（　）事项。

A. 债券持有人的姓名或者名称及住所

B. 债券持有人取得债券的日期及债券的编号

C. 债券总额，债券的票面金额、利率、还本付息的期限和方式

D. 债券的发行日期

7. 为了规范公司的组织和行为，完善中国特色现代企业制度，弘扬企业家精神，维护社会经济秩序，促进社会主义市场经济的发展，公司要保护（　）的合法权益。

A. 公司　　B. 股东

C. 债权人　　D. 职工

8.《公司法》所称的公司，是指依照《公司法》在中华人民共和国境内设立的（　）公司。

A. 集体所有制公司　B. 有限责任公司

C. 股份有限公司　　D. 合作经济组织公司

9. 根据《公司法》的规定，以下关于责任承担，正确的是（　）。

A. 公司以其登记注册的财产对公司的债务承担责任

B. 有限责任公司的股东以其认缴的出资额为限对公司承担责任

C. 股份有限公司的股东以其认购的股份为限对公司承担责任

D. 公司股东对公司依法享有资产收益，并以其收益对公司的债务承担责任

10. 依据《公司法》的规定，公司股东会、董事会的决议不成立的情形是（　）。

A. 未召开股东会、董事会会议作出决议

B. 股东会、董事会会议未对决议事项进行表决

C. 出席会议的人数或者所持表决权数未达到本法或者公司章程规定的人数或者所持表决权数

D. 同意决议事项的人数或者所持表决权数未达到本法或者公司章程规定的人数或者所持表决权数

11. 下列（　）选项属于公司解散的原因。

A. 公司章程规定的营业期限届满或者公司章程规定的其他解散事由出现

B. 人民法院依照《公司法》第 231 条的规定予以解散

C. 因公司合并或者分立需要解散

D. 依法被吊销营业执照、责令关闭或者被撤销

12. 董事、监事、高级管理人员不得有（　）的行为。

A. 侵占公司财产、挪用公司资金

B. 将公司资金以其他个人名义开立账户存储

C. 利用职权贿赂或者收受其他非法收入

D. 接受他人与公司交易的佣金归为己有

13. 2023 年 2 月，甲为大地有限公司（以下简称大地公司）总经理，负责磋商合作及项目投资事宜，代表该公司与蓝天有限公司签订《项目投资协议》。同年 12 月，甲与乙共同设立盛阳有限公司，甲持股百分之九十。2024 年 1 月起，盛阳公司与蓝天公司签订《项目投资协议》及相关补充协议，内容及合作模式同大地公司与蓝天公司签署的《项目投资协议》基本一致，仅存在合作方名称等细微变更的事实。大地公司发现后，诉请甲与盛阳公司对其损失承担赔偿责任。下列说法正确的是（　）。

A. 甲利用职务便利谋取了属于大地公司的商业机会，属于违反忠实义务的行为

B. 甲利用职务便利谋取了属于大地公司的商业机会，属于违反勤勉义务的行为

C. 甲应当对大地公司的损失承担赔偿责任

D. 甲不应当对大地公司的损失承担连带赔偿责任

14. 根据《公司法》规定，公司董事的下列行为中，涉嫌违

反忠实义务的是（ ）。

A. 擅自披露公司商业秘密

B. 将公司资金以个人名义开立账户存储

C. 无正当理由长期不出席董事会会议

D. 篡夺公司商业机会

15. 关于审计委员会，下列表述正确的是（ ）。

A. 审计委员会成员为三名以上

B. 公司董事会成员中的职工代表应当成为审计委员会成员

C. 审计委员会作出决议，应当经审计委员会成员的过半数通过

D. 审计委员会成员为三名以上，过半数成员不得在公司担任除董事以外的其他职务，且不得与公司存在任何可能影响其独立客观判断的关系

16. 公司登记事项除了名称、住所、注册资本、经营范围，还包括（ ）事项。

A. 法定代表人的姓名

B. 有限责任公司的股东

C. 股份公司发起人的姓名或名称

D. 公司经理的姓名

17. 属于公司应当按照规定通过国家企业信用信息公示系统公示的事项包括（ ）。

A. 有限责任公司股东认缴和实缴的出资额、出资方式和出资日期，股份有限公司发起人认购的股份数

B. 有限责任公司股东、股份有限公司发起人的股权、股份变更信息

C. 公司职工花名册

D. 行政许可取得、变更、注销等信息

18. 根据《公司法》的规定，下列关于有限责任公司设立监事会的说法错误的是（　）。

A. 监事会成员为三人以上

B. 监事会成员应当包括股东代表和适当比例的公司职工代表，其中职工代表的比例不得低于四分之一

C. 监事会设主席一人，由全体监事过半数选举产生

D. 董事不得兼任监事，但是高级管理人员可以兼任监事

19. 股东向股东以外的人转让股权的，应当将股权转让的（　）书面通知其他股东。

A. 数量　　B. 价格

C. 支付方式　　D. 期限

20. 公司的（　）属于股份有限公司股东有权查阅、复制的材料。

A. 公司章程　　B. 股东名册

C. 股东会会议记录　　D. 董事会会议记录

21. 下列关于股份公司董事会的表述，正确的是（　）。

A. 董事会会议应当有过半数的董事出席方可举行

B. 董事会作出决议，应当经全体董事的过半数通过

C. 董事会决议的表决，应当一人一票

D. 董事会可以对所议事项的决定作成会议记录

22. 下列关于公司的股票，表述正确的是（　）。

A. 公司的股份采取股票的形式

B. 股票是公司签发的证明股东所持股份的凭证

C. 公司发行的股票，应当为记名股票

D. 公司发行的股票，可以为无记名股票

23. 关于纸面形式的股票，下列表述正确的是（　）。

A. 股票采用纸面形式的，应当载明公司名称、公司成立日期或者股票发行的时间

B. 股票采用纸面形式的，应当载明股票种类、票面金额及代表的股份数，发行无面额股的，股票代表的股份数

C. 股票采用纸面形式的，还应当载明股票的编号，由公司经理签名，公司盖章。

D. 发起人股票采用纸面形式的，应当标明发起人股票字样

24. 关于公司向社会公开募集股份，下列表述正确的是（　）。

A. 公司向社会公开募集股份，可以由依法设立的证券公司承销，也可以自行销售

B. 公司向社会公开募集股份，应当同银行签订代收股款协议

C. 代收股款的银行应当按照协议代收和保存股款，向缴纳股款的认股人出具收款单据，并负有向有关部门出具收款证明的义务

D. 公司发行股份募足股款后，应予公告

25. 关于公司的控股股东、实际控制人的责任，下列表述正确的是（ ）。

A. 公司的控股股东指示董事从事损害公司利益的行为的，与该董事承担连带责任

B. 公司的实际控制人指示董事从事损害股东利益的行为的，与该董事承担连带责任

C. 公司的控股股东指示高级管理人员从事损害债权人利益的行为的，与高级管理人员承担连带责任

D. 公司的控股股东、实际控制人指示董事、高级管理人员从事损害公司或者股东利益的行为的，承担补充责任

26. 董事、高级管理人员执行职务，给他人造成损害的，下列表述正确的是（ ）。

A. 公司应当承担赔偿责任

B. 董事、高级管理人员存在故意或者重大过失的，应当承担连带责任

C. 董事、高级管理人员存在故意或者重大过失的，应当承担补充责任

D. 董事、高级管理人员存在故意或者重大过失的，应当承担赔偿责任

27. 依据《公司法》，关于公积金和利润分配的表述正确的是（ ）。

A. 公司法定公积金累计额为公司注册资本的百分之五十以上的，可以不再提取

B. 公司的法定公积金不足以弥补以前年度亏损的，在提取法定盈余公积金之前，应当先用当年利润弥补亏损

C. 公司弥补亏损和提取公积金后所余税后利润，有限责任公司按照股东实缴的出资比例分配利润，全体股东约定不按照出资比例分配利润的除外

D. 公司持有的本公司股份可以分配利润

28. 下列（　）应当列入公司资本公积金。

A. 公司以超过股票票面金额的发行价格发行股份所得的溢价款

B. 公司发行无面额股所得股款未计入注册资本的金额

C. 公司投资人工智能领域的收益

D. 国务院财政部门规定列入资本公积金的其他项目

29. 关于公司合并，下列表述正确的是（　）。

A. 公司合并，应当由合并各方签订合并协议，并编制资产负债表及财产清单

B. 公司应当自作出合并决议之日起十日内通知债权人

C. 公司应当自作出合并决议之日起三十日内在报纸上或者国家企业信用信息公示系统公告

D. 债权人自接到通知之日起三十日内，未接到通知的自公告之日起四十五日内，可以要求公司清偿债务或者提供相应的担保

30. 关于公司分立，下列表述正确的是（　）。

A. 公司分立前的债务由分立后的公司承担连带责任

B. 公司分立前的债权由分立后的公司享有连带债权

C. 公司可以在分立前与债权人就债务清偿达成书面协议

D. 公司分立的程序与公司合并程序完全一致

# 参考答案

## 单项选择题

1. A ［**答案解析**］依据《公司法》第 25 条的规定，公司股东会、董事会的决议内容违反法律、行政法规的无效。因此，A 选项正确。

2. B ［**答案解析**］依据《公司法》第 212 条的规定，股东会作出分配利润的决议的，董事会应当在股东会决议作出之日起六个月内进行分配。公司董事会在股东会分红决议作出六个月内进行分配，有助于保护股东的财产权益。由于市场的经营状况实时变动，公司盈利状况也随时会发生变化，如果过度迟延分配，可能会出现无盈利可分的情况，进而损害股东的分红权。因此，B 选项正确。

3. A ［**答案解析**］依据《公司法》第 261 条的规定，外国公司违反本法规定，擅自在中华人民共和国境内设立分支机构的，由公司登记机关责令改正或者关闭，可以并处五万元以上二十万元以下的罚款。因此，A 选项正确。

4. B ［**答案解析**］依据《公司法》第 232 条第 1 款的规定，董事为公司清算义务人，应当在解散事由出现之日起十五日内组成清算组进行清算。因此，B 选项正确。

5. C ［**答案解析**］依据《公司法》第 234 条的规定，清算组在清算期间行使下列职权：（一）清理公司财产，分别编制资产负债表和财产清单；（二）通知、公告债权人；（三）处理与清算有关的公司未了结的业务；（四）清缴所欠税款以及清算过程中产生的税款；（五）清理债权、债务；（六）分配公司清偿债务后的剩余财产；（七）代表公司参与民事诉讼活动。因此，C 选项正确。

6. B ［**答案解析**］依据《公司法》第 231 条的规定，公司经营管理发生严重困难，继续存续会使股东利益受到重大损失，通过其他途径不能解决的，持有公司百分之十以上表决权的股东，可以请求人民法院解散公司。因此，B 选项正确。

7. A ［**答案解析**］依据《公司法》第 178 条的规定，担任破产清算的公司、企业的董事或者厂长、经理，对该公司、企业的破产负有个人责任的，自该公司、企业破产清算完结之日起未逾三年，不得担任公司的董事、监事、高级管理人员。因此，A 选项正确。

8. A ［**答案解析**］依据《公司法》第 189 条的规定，公司董事、高级管理人员执行公司职务时违反法律、行政法规或者公司章程的，股东可通过监事会或者监事提起诉讼。本题中，甲公司经理张某违反公司章程，给甲公司造成损失，股东李四可以请求监事会起诉张某。因此，A 选项正确。

9. A ［**答案解析**］依据《公司法》第 181 条、第 186 条的规定，董事、高级管理人员不得违反公司章程的规定，未经股东会、股东大会或者董事会同意，将公司资金借贷给他人或者以公司财产为他人提供担保，所得的收入应当归公司所有。因此，A 选项正确。

10. D ［**答案解析**］依据《公司法》第 33 条的规定，依法设立的公司，由公司登记机关发给公司营业执照。公司营业执照签发日期为公司成立日期。公司营业执照应当载明公司的名称、住所、注册资本、经营范围、法定代表人姓名等事项。公司登记机关可以发给电子营业执照。电子营业执照与纸质营业执照具有同等法律效力。因此，D 选项表述错误，要选。

11. A ［**答案解析**］依据《公司法》第 116 条第 2 款的规定，股东会作出决议，应当经出席会议的股东所持表决权过半数通过。因此，A 选项正确。

12. B ［**答案解析**］依据《公司法》第 142 条第 3 款的规定，采用无面额股的，应当将发行股份所得股款的二分之一以上计入注册资本。因此，B 选项正确。

13. B ［**答案解析**］依据《公司法》第 153 条的规定，公司章程或者股东会授权董事会决定发行新股的，董事会决议应当经全体董事三分之二以上通过。新《公司法》采取了授权资本制，公司章程或股东会可授权董事发行新股，但是发行新股的董事会决议应当全体董事三分之二以上通过。因此，B 选项正确。

14. A ［**答案解析**］依据《公司法》第 210 条第 1 款的规

定，公司分配当年税后利润时，应当提取利润的百分之十列入公司法定公积金。因此，A 选项正确。

15. A ［**答案解析**］依据《公司法》第 219 条第 1 款的规定，公司与其持股百分之九十以上的公司合并，被合并的公司不需经股东会决议，但应当通知其他股东。因此，A 选项正确。

16. A ［**答案解析**］依据《公司法》第 219 条第 2 款的规定，公司合并支付的价款不超过本公司净资产百分之十的，可以不经股东会决议；但是，公司章程另有规定的除外。因此，A 选项正确。

17. A ［**答案解析**］依据《公司法》第 251 条的规定，公司未依照《公司法》第 40 条的规定公示有关信息或者不如实公示有关信息的，由公司登记机关责令改正，可以处以一万元以上五万元以下的罚款。情节严重的，处以五万元以上二十万元以下的罚款；对直接负责的主管人员和其他直接责任人员处以一万元以上十万元以下的罚款。因此，A 选项正确。

18. A ［**答案解析**］依据《公司法》第 253 条的规定，公司的发起人、股东在公司成立后，抽逃其出资的，由公司登记机关责令改正，处以所抽逃出资金额百分之五以上百分之十五以下的罚款；对直接负责的主管人员和其他直接责任人员处以三万元以上三十万元以下的罚款。因此，A 选项正确。

19. A ［**答案解析**］依据《公司法》第 255 条的规定，公司在合并、分立、减少注册资本或者进行清算时，不依法规定通知或者公告债权人的，由公司登记机关责令改正，对公司处以一万元以上十万元以下的罚款。因此，A 选项正确。

20. A ［**答案解析**］依据《公司法》第 257 条第 2 款的规定，承担资产评估、验资或者验证的机构因其出具的评估结果、验资或者验证证明不实，给公司债权人造成损失的，除能够证明自己没有过错的外，在其评估或者证明不实的金额范围内承担赔偿责任。因此，A 选项正确。

**多项选择题**

1. ABCD ［**答案解析**］依据《公司法》第 42 条的规定，有限责任公司由一个以上五十个以下股东出资设立。这里的股东可以是自然人，也可以是法人，同时也可以是国家（可以以国有资产设立）和境外投资者（可在我国境内设立有限责任公司），因此，正确选项应为 ABCD。

2. ABC ［**答案解析**］依据《公司法》第 52 条的规定，股东未按照公司章程规定的出资日期缴纳出资，公司依照前条第一款规定发出书面催缴书催缴出资的，可以载明缴纳出资的宽限期；宽限期自公司发出催缴书之日起，不得少于六十日。宽限期届满，股东仍未履行出资义务的，公司经董事会决议可以向该股东发出失权通知，通知应当以书面形式发出。自通知发出之日起，该股东丧失其未缴纳出资的股权。依照前款规定丧失的股权应当依法转让，或者相应减少注册资本并注销该股权；六个月内未转让或者注销的，由公司其他股东按照其出资比例足额缴纳相应出资。股东对失权有异议的，应当自接到失权通知之日起三十日内，向人民法院提起诉讼。因此，正确选项应为 ABC。

3. ABCD ［**答案解析**］依据《公司法》第 57 条第 1 款的规定，股东有权查阅、复制公司章程、股东名册、股东会会议记录、董事会会议决议、监事会会议决议和财务会计报告。因此，正确选项应为 ABCD。

4. ABC ［**答案解析**］依据《公司法》第 66 条第 3 款的规定，股东会作出修改公司章程、增加或者减少注册资本的决议，以及公司合并、分立、解散或者变更公司形式的决议，应当经代表三分之二以上表决权的股东通过。因此，正确选项应为 ABC。

5. ABCD ［**答案解析**］依据《公司法》第 66 条第 2 款和第 3 款的规定，股东会作出决议，应当经代表过半数表决权的股东通过。股东会作出修改公司章程、增加或者减少注册资本的决议，以及公司合并、分立、解散或者变更公司形式的决议，应当经代表三分之二以上表决权的股东通过。三分之二的固定的情形是特殊情形，除此之外的决议为过半数通过。因此，正确选项应为 ABCD。

6. ABCD ［**答案解析**］依据《公司法》第 198 条第 2 款的规定，发行公司债券的，应当在公司债券持有人名册上载明的事项包括债券持有人的姓名或者名称及住所；债券持有人取得债券的日期及债券的编号；债券总额，债券的票面金额、利率、还本付息的期限和方式；债券的发行日期。因此，正确选项为

ABCD。

7. ABCD ［**答案解析**］依据《公司法》第1条的规定，公司法不仅要保护公司利益、股东利益、债权人利益，同时也要保护职工利益。因此，正确选项应为ABCD。

8. 答案BC ［**答案解析**］依据《公司法》第2条的规定，本法所称公司，是指依照本法在中华人民共和国境内设立的有限责任公司和股份有限公司。因此，正确选项应为BC。

9. 答案BC ［**答案解析**］依据《公司法》第3条的规定，公司以其全部财产对公司的债务承担责任。因此A错误。依据《公司法》第4条的规定，有限责任公司的股东以其认缴的出资额为限对公司承担责任；股份有限公司的股东以其认购的股份为限对公司承担责任。因此，正确选项应为BC。

10. ABCD ［**答案解析**］依据《公司法》第27条的规定，公司股东会、董事会的决议不成立的情形包括：未召开股东会、董事会会议作出决议；股东会、董事会会议未对决议事项进行表决；出席会议的人数或者所持表决权数未达到本法或者公司章程规定的人数或者所持表决权数；同意决议事项的人数或者所持表决权数未达到本法或者公司章程规定的人数或者所持表决权数。因此，正确选项应为ABCD。

11. ABCD ［**答案解析**］依据《公司法》第229条的规定，公司因下列原因解散：（一）公司章程规定的营业期限届满或者公司章程规定的其他解散事由出现；（二）股东会决议解散；（三）因公司合并或者分立需要解散；（四）依法被吊销营业执照、责令关闭或者被撤销；（五）人民法院依照本法第二百三十一条的规定予以解散。公司出现前款规定的解散事由，应当在十日内将解散事由通过国家企业信用信息公示系统予以公示。因此，正确选项应为 ABCD。

12. ABCD ［**答案解析**］根据《公司法》第 181 条规定，选项均为董事、监事、高级管理人员违反忠实义务的行为。因此，正确选项应为 ABCD。

13. AC ［**答案解析**］依据《公司法》183 条、第 186 条的规定，甲利用高管职务及承办经手项目便利谋取了属于大地公司的商业机会，该行为属于利用职务便利为自己或者他人谋取属于公司的商业机会，应当对大地公司的损失承担赔偿责任。因此，正确选项应为 AC。

14. ABD ［**答案解析**］选项 C 在《公司法》的规定中，属于违反勤勉义务的行为，因此，正确选项应为 ABD。

15. ACD ［**答案解析**］依据《公司法》第 121 条的规定，审计委员会成员为三名以上，过半数成员不得在公司担任除董事以外的其他职务，且不得与公司存在任何可能影响其独立客观判断的关系。公司董事会成员中的职工代表可以成为审计委员会成员。审计委员会作出决议，应当经审计委员会成员的过半数通过。公司董事会成员中的职工代表不是应当成为审计委员会成员。因此，正确选项应为 ACD。

16. ABC ［**答案解析**］依据《公司法》第 32 条的规定，公司登记事项包括：名称；住所；注册资本；经营范围；法定代表人的姓名；有限责任公司股东、股份有限公司发起人的姓名或者名称，不包括公司经理的姓名。因此，正确选项应为ABC。

17. ABD ［**答案解析**］依据《公司法》第40条的规定，公司应当按照规定通过国家企业信用信息公示系统公示下列事项：有限责任公司股东认缴和实缴的出资额、出资方式和出资日期，股份有限公司发起人认购的股份数；有限责任公司股东、股份有限公司发起人的股权、股份变更信息；行政许可取得、变更、注销等信息；法律、行政法规规定的其他信息。职工花名册涉及职工个人信息，不属于应当公示的事项。因此，正确选项应为ABD。

18. BD ［**答案解析**］依据《公司法》第76条的规定，有限责任公司设监事会时，监事会成员为三人以上。监事会成员应当包括股东代表和适当比例的公司职工代表，其中职工代表的比例不得低于三分之一而不是四分之一，具体比例由公司章程规定。监事会设主席一人，由全体监事过半数选举产生。董事、高级管理人员都不得兼任监事。BD两个选项的说法是错误的。因此，正确选项应为BD。

19. ABCD ［**答案解析**］依据《公司法》第84条第2款的规定，股东向股东以外的人转让股权的，应当将股权转让的数量、价格、支付方式和期限等事项书面通知其他股东，因此，正确选项应为ABCD。

20. ABC ［**答案解析**］依据《公司法》第110条第1款

的规定，股东有权查阅、复制公司章程、股东名册、股东会会议记录、董事会会议决议、监事会会议决议、财务会计报告。股东无权查阅、复制董事会会议记录。因此，正确选项应为 ABC。

21. ABC ［**答案解析**］依据《公司法》第 124 条的规定，董事会会议应当有过半数的董事出席方可举行。董事会作出决议，应当经全体董事的过半数通过。董事会决议的表决，应当一人一票。董事会应当对所议事项的决定作成会议记录，不是可以作出会议记录。因此，正确选项应为 ABC。

22. ABC ［**答案解析**］依据《公司法》第 147 条的规定，公司的股份采取股票的形式。股票是公司签发的证明股东所持股份的凭证。公司发行的股票，应当为记名股票。因此，正确选项应为 ABC。

23. ABD ［**答案解析**］依据《公司法》第 149 条的规定，股票采用纸面形式的，应当载明下列主要事项：（一）公司名称；（二）公司成立日期或者股票发行的时间；（三）股票种类、票面金额及代表的股份数，发行无面额股的，股票代表的股份数。发起人股票采用纸面形式的，应当标明发起人股票字样。股票采用纸面形式的，还应当载明股票的编号，由法定代表人签名，公司盖章，不是公司经理签名，因此，正确选项应为 ABD。

24. BCD ［**答案解析**］依据《公司法》第 155 条的规定，公司向社会公开募集股份，应当由依法设立的证券公司承销，签订承销协议。依据《公司法》第156条的规定，公司向社会公开募集股份，应当同银行签订代收股款协议。代收股款的银行应当按照协议代收和保存股款，向缴纳股款的认股人出具收款单据，并负有向有关部门出具收款证明的义务。公司发行股份募足股款后，应予公告。因此，正确选项应为BCD。

25. AB ［**答案解析**］依据《公司法》第192条的规定，公司的控股股东、实际控制人指示董事、高级管理人员从事损害公司或者股东利益的行为的，与该董事、高级管理人员承担连带责任，不是补充责任；损害的是公司利益或股东利益，而不是债权人利益，因此，正确选项应为AB。

26. AD ［**答案解析**］依据《公司法》第191条的规定，董事、高级管理人员执行职务，给他人造成损害的，公司应当承担赔偿责任；董事、高级管理人员存在故意或者重大过失的，也应当承担赔偿责任，不是连带责任，也不是补充责任，而是赔偿责任。因此，正确选项应为AD。

27. ABC ［**答案解析**］依据《公司法》第210条的规定，公司法定公积金累计额为公司注册资本的百分之五十以上的，可以不再提取。公司的法定公积金不足以弥补以前年度亏损的，在依照前款规定提取法定公积金之前，应当先用当年利润弥补亏损。公司从税后利润中提取法定公积金后，经股东会决议，还可以从税后利润中提取任意公积金。公司弥补亏损和提取公积金后所余税后利润，有限责任公司按照股东实缴的出资比例分配利润，全体股东约定不按照出资比例分配利润的除外；股份有限公司按照股东所持有的股份比例分配利润，公司章程另有规定的除外。公司持有的本公司股份不得分配利润。因此，正确选项应为 ABC。

28. ABD ［**答案解析**］依据《公司法》第 213 条的规定，公司以超过股票票面金额的发行价格发行股份所得的溢价款、发行无面额股所得股款未计入注册资本的金额以及国务院财政部门规定列入资本公积金的其他项目，应当列为公司资本公积金。因此，正确选项应为 ABD。

29. ABCD ［**答案解析**］依据《公司法》第 220 条的规定，公司合并，应当由合并各方签订合并协议，并编制资产负债表及财产清单。公司应当自作出合并决议之日起十日内通知债权人，并于三十日内在报纸上或者国家企业信用信息公示系统公告。债权人自接到通知之日起三十日内，未接到通知的自公告之日起四十五日内，可以要求公司清偿债务或者提供相应的担保。因此，正确选项应为 ABCD。

30. ABC ［**答案解析**］依据《公司法》第 223 条的规定，公司分立前的债务由分立后的公司承担连带责任。但是，公司在分立前与债权人就债务清偿达成的书面协议另有约定的除外。依据《民法典》第 67 条第 2 款的规定，法人分立的，其权利和义务由分立后的法人享有连带债权，承担连带债务，但是债权人和债务人另有约定的除外。公司分立和公司合并程序存在差异，公司合并时，债权人可请求公司清偿债务或提供担保，因此，正确选项应为 ABC。